Mein Leben feiern

Brigitte Enzner-Probst

Mein Leben feiern

Frauengebete im Jahreskreis

Patmos Verlag

VERLAGSGRUPPE PATMOS

PATMOS
ESCHBACH
GRÜNEWALD
THORBECKE
SCHWABEN
VER SACRUM

Die Verlagsgruppe
mit Sinn für das Leben

Für die Schwabenverlag AG ist Nachhaltigkeit ein wichtiger Maßstab ihres Handelns. Wir achten daher auf den Einsatz umweltschonender Ressourcen und Materialien.

Umschlaggestaltung: Finken & Bumiller, Stuttgart
Umschlagabbildung: Anton Evmeshkin/Shutterstock.com
Gestaltung, Satz und Repro: Schwabenverlag AG, Ostfildern
Druck: CPI books GmbH, Leck
Hergestellt in Deutschland
ISBN 978-3-8436-1170-1

INHALT

Suchen und Finden

ZU BEGINN

Wenn wir die traditionelle kirchliche Gebetsliteratur anschauen, kommt das alltägliche Leben von Frauen wenig vor. Die spirituelle und liturgische Sprache ist häufig auf eine männliche und »herrscherliche« Gottessprache eingeengt. Es braucht deshalb eine Gottessprache, der sich Frauen anvertrauen können, eine Gebetssprache, in der sie ihr eigenes Leben und Leiden an das Herz Gottes legen können. Gottesbilder braucht es, die aus den Erfahrungen von Frauen stammen und ihr vielfältiges Leben mit der Großen Weisheit in Verbindung bringen, die wir Gott nennen.

Weil wir leiblich in der Welt da sind, haben wir teil an der Schönheit der Schöpfung. Unser Körper ist ein wunderbarer Resonanzraum der göttlichen Weisheit! Wir setzen an bei unseren Sinnen, bei unserer Körperwahrnehmung, beim Fühlen und unseren Gefühlen, Haltungen und Tätigkeiten. Unsere Sinne sind »Fenster zur Welt Gottes«, Transparente, durch die hindurch wir das Göttliche schauen. Diese Spiritualität wird aus Sinnenfreude und Mitgefühl immer neu geboren.

Unser Leben ist darüber hinaus geprägt vom Rhythmus von Tag und Nacht, von Einatmen und Ausatmen, Schlafen und Wachen. Da ist Lachen und Weinen, da ist Starksein und Schwäche. Und es gibt Spannungen und Dunkel-Zeiten, die alles beschweren. Auch sie dürfen in das Licht der göttlichen Liebe gestellt werden, und sei es mit noch so armen Worten!

Dieses Gebetbuch lädt natürlich auch Männer ein, mitzubeten und dadurch vielleicht neue Perspektiven auf die Tiefe der Wirklichkeit zu gewinnen, die wir Gott nennen. Als Frauen und als Männer arbeiten wir gemeinsam daran, unsere Berufung immer klarer zu leben. Dies braucht Übung und Wiederholung. Nur durch sie wird Erkenntnis bleibend, wandern wir in das »Land des Vertrauens« ein, das der Glaube bewohnt.

Durch das VaterMutterunser ist mir in den letzten Jahren außerdem die kosmische Dimension unseres Lebens und unseres Glaubens immer wichtiger geworden. Das Mitsein mit der ganzen Schöpfung will erfahren und gelebt werden. Als Erdlinge und Letzte in der großen

Symphonie des Lebens sind wir aufgerufen, demütig unseren Platz einzunehmen. Und zugleich als Ebenbilder der Großen Weisheit diesen Planeten zu »bebauen und zu bewahren«, statt ihn durch Gier und Selbstüberschätzung zu zerstören.

Dieses Buch ist ein »gottespoetisches« Gebetbuch geworden. Nur so lässt sich die innerste Verbindung zum großen Ganzen in Worte fassen – in Form von Hymnen, Gedichten und inneren Bildern.
Dieses Buch ist ein sehr persönliches Gebetbuch. Es lädt ein, die eigene Gottessprache zu suchen und zu finden. Alle sind in ihrer Gottesbeziehung einzigartig. Und doch können wir einander ermutigen, die eigene Gottessprache zu finden!
Dieses Gebetbuch will die geformten Gebete der Psalmen oder der Liturgie nicht ersetzen. In den traditionellen Formen verdichten sich schließlich die Erfahrungen so vieler Generationen von Glaubenden vor uns. Erst vor ihrem Hintergrund werden unsere eigenen Formulierungen lebendig.

Wichtig geworden ist mir die vielleicht noch ungewohnte Gebetsanrede »ChristusSophia«, die die göttliche Weisheit in Jesus, dem Christus, aufleuchten sieht. Sie will uns an die welterfassende, kosmische Dimension des christlichen Glaubens erinnern.
Ich bin mir bewusst, dass sowohl die weiblichen wie auch die männlichen Gottesnamen, ja, alle Gottesbilder gleich unzureichend sind, um das göttliche Geheimnis auszusagen!
Aus all diesen Erfahrungen, Sprachversuchen und Übungen heraus ist dieses Gebetbuch entstanden. Es will uns ermutigen, das Leben selbst als eine Anleitung zum Beten zu verstehen. Und gemeinsam mit der Großen Weisheit das Leben zu feiern!

Danken möchte ich vielen, die mich ermutigt haben, dieses Buch zu schreiben. Ganz besonders danke ich meinem Mann, der mich auch in technischer Hinsicht unermüdlich unterstützt hat, und Franziska Gruber für ihre Rückmeldungen und Korrekturen sowie Anneliese Hück für ihre geduldige Lektorierung.

Ich widme dieses Gebetbuch Elisabeth Moltmann-Wendel. Sie ist kurz vor ihrem 90. Geburtstag heimgegangen. Zu ihrem 80. Geburtstag habe ich ihr, Bezug nehmend auf den Titel ihrer Biografie, einen meditativen Text geschenkt. Er soll als Widmung auch über dieser Sammlung von Gebeten stehen.

Brigitte Enzner-Probst
Rimsting, den 5.4.2019

ZUM GEBRAUCH

Dieses Gebetbuch folgt dem Wochen-Rhythmus. Die Lesenden können sich der gewählten Reihenfolge anschließen oder selbst ein Wochenthema auswählen.

Jede Woche wird von einem biblischen »Lebenswort« bestimmt und steht unter einem bestimmten Thema.

Ein Stichwortverzeichnis auf Seite 228 erleichtert die Auswahl.

Außerdem werden zum Tagesbeginn und am Abend *Texte* angeboten, die uns in die *Stille* und *Meditation* hineinnehmen.

Die *Lesungen* bringen uns ins Gespräch mit den Erfahrungen der Frauen vor uns. Sie verknüpfen uns mit dem Erbe spiritueller Frauentradition.

Die *Gedanken zum Lebenswort* ermutigen, die biblischen Texte ins eigene Leben einzuspielen.

Die *Übungen* laden ein, zu experimentieren und eigene Erfahrungen zu machen.

Ein *Segen* entlässt in den Tag und in die Nacht.

Die Erde berühren

Die Erde berühren
ihre Oberfläche streicheln
Grasiges unter den Füßen spüren
das gurgelnde Schmatzen des Moores
flinkes Wasser an den Füßen vorbei
Den Sand der Dünen in den Zehen behalten
einen Sommertag lang

Die Erde berühren
auch ihre Abgründe lieben
schroffe Zacken inwendige
felsige Platten
Haut schürfend
Dunkel-Höhliges das zum Verirren einlädt

Die Erde berühren
sich bücken beugen
zurückkehren umkehren
sich hinsetzen und Ruhe geben
sich ausstrecken und probeliegen
längelang nächtelang

Die Erde berühren
Verwandlung erbitten
Sorgensteine kullern lassen
sich aufrichten aufstehen zur Sonne hin
aufrecht stehen

Und jetzt
den Himmel erreichen
In uns
berühren sich
Erde und Himmel
(20.7.2001)

MEIN LEBEN FEIERN

ANFANGEN

Am Morgen

Anrufung
In der Frühe des Morgens
In der kühlen Frühe des noch unbetretenen Tages
rufe ich zu dir
rufe ich die Kraft des Anfangs
rufe ich die Stärke zum Durchhalten
rufe ich die Freude künftiger Frucht

Stille

Lesung
Gegen den Rückschritt gibt es nur ein Mittel:
Immer wieder von vorn anfangen.
Teresa von Avila (1515–1582)

Im Anfang hat Gott Himmel und Erde geschaffen. (Gen 1,1)

ANFANGEN

Am Morgen

Meditation
Ein leeres Blatt – ein Stift –
ich möchte jemandem einen Glückwunsch schreiben …
Ich will die Leere erst einmal aushalten –
mir mein Gegenüber vorstellen – die Beziehung spüren …
Und dann ist da plötzlich ein klares Bild –
ein Wunsch formt sich – ich schreibe ihn nieder …
Anfangen – das ist ein immer neuer Schöpfungsakt …
Alles Anfangen ist schwer!
Alles Anfangen lockt …

MutWort
Heute fange ich neu an – mit mir!

Segen für den Tag
Anfangen?
Sich nicht entmutigen lassen
von den gescheiterten Versuchen bisheriger Tage!
Wie Kinder voller Lust immer wieder anfangen
ausprobieren, neugierig, betasten, fühlen, schmecken
Anfangen!
Möge mein Anfang heute Morgen gesegnet sein!

Im Anfang hat Gott Himmel und Erde geschaffen. (Gen 1,1)

ANFANGEN

Am Abend

Anrufung
Du Anfang und Ende der Zeit –
in deinen Schutz berge ich mich
in deine Hand lege ich
das Ende dieses Tages und den Anfang der Nacht
und mich mit dazu!

Gedanken zum Lebenswort
So vieles angefangen – wie viel davon zu einem guten Ende geführt?
»Himmel« – das sind die Ideen, die wir in uns nähren, die wir ins Leben rufen möchten.
»Erde«, das sind die Vorhaben, die wir realisiert haben, an denen wir arbeiten, die schon ihre Gestalt zeigen.
Für heute Abend vertraue ich alles, meinen »Himmel« und meine »Erde«, einer größeren Liebe und Weisheit an.

FürDenken
Heute Abend denke ich an alle
* die Schicht arbeiten und die die Nacht zum Tag machen müssen,
* die in den Notaufnahmen der Krankenhäuser arbeiten,
* die Kranke und Sterbende zu Hause begleiten und pflegen,
* die die Anfänge von Menschen begleiten,
* Künstlerinnen und Künstler, die zu schaffen beginnen,
* die endlich mit dem eigenen Leben anfangen möchten.

Im Anfang hat Gott Himmel und Erde geschaffen. (Gen 1,1)

ANFANGEN

Am Abend

Mutterunser
Du Anfang von allem –
Mutter/Vater im Himmel und auf Erden
Geheiligt dein Name in den Anfängen des Universums
in den Sternennebeln und Supernovas
Geheiligt ist dein Name aber auch
in den zarten Anfängen der Liebe
in den Anfängen eines neuen Lebens

Du Anfang von allem –
schenkst auch uns einen immer neuen Anfang
bist neugierig auf unsere Schöpfungen
wirkst mit und ermutigst uns
ein ganz eigenes Universum zu entfalten
Du Anfang von allem –
geheiligt in mir!

Stille

Segen zur Nacht
Deinen Segen erbitte ich
am Ende dieses Tages und am Anfang dieser Nacht
Alle Anfänge und losen Enden dieses Tages
lege ich in deine Hand
Lass mich ins Traumland gleiten
behütet von deiner Liebe

Im Anfang hat Gott Himmel und Erde geschaffen. (Gen 1,1)

REINIGEN – KLÄREN

Am Morgen

Anrufung
Im Dazwischen
von Nacht und Tag
bevor ich noch ganz aufgewacht bin
spüre ich die innere Unordnung
Traumfetzen liegen herum
So viel, was zu tun ist heute
bedrängt mich schon jetzt
Kläre mich, bitte ich
Da bin ich
vor dir
Einfach nur so
Einfach da

Stille

Lesung
Hüte dich mit weiser Vorsicht vor dem Vielerlei der Tätigkeiten.
Hadewijch (ca. 1210–1260)

Alle diese schlechten Handlungen und Eigenschaften kommen
von innen heraus und verunreinigen die Menschen. (Mk 7,23)

REINIGEN – KLÄREN

Am Morgen

Übung
Jeden Morgen waschen wir uns, putzen die Zähne, reinigen uns von dem, was uns vom Schlaf und dieser Nacht umgibt.
Wir können diese alltäglichen Vorgänge und Handlungen ab und zu bewusst tun. Wir verlangsamen die Bewegungen. Wir spüren das Wasser, die Luft, unseren Körper.
Und bitten ohne Worte:
Das Gesicht waschen – klar sehen und denken.
Die Hände waschen – richtig und gut handeln.
Duschen – wie unter einem Wasserfall von Güte werde ich gereinigt!
Auf die Toilette gehen – ich darf alles, was mich belastet, abgeben!
Essen und Trinken – ich darf leben!

MutWort
Ich lebe klar!

Segen für den Tag
Diesen Tag lass mich leben
in der Klarheit des Herzens
in der Klarheit meines Verstandes
in der Klarheit meines Gefühls
Mit geklärten Sinnen
offen für die Klarheit des Himmels
so segne mich

Alle diese schlechten Handlungen und Eigenschaften kommen von innen heraus und verunreinigen die Menschen. (Mk 7,23)

REINIGEN – KLÄREN

Am Abend

Anrufung
Angefüllt mit so vielem
Termine, Telefonate, Gespräche, Haushalt, Einkauf,
die Kinder, die Nachbarn
die Endlosschleife meiner Besorgungen eben
komme ich vor dich und leere aus und werde still
Da bin ich
vor dir

Stille

Gedanken zum Lebenswort
Ein aussätziger Mensch kommt zu Jesus. Aussatz ist eine Krankheit im doppelten Sinn. Die Haut wird zerfressen durch die Lepra. Die Krankheit ist ansteckend, gefährlich. Deshalb wurden Leprakranke auch sozial »ausgesetzt«, ausgestoßen. Nur mit dem Allernötigsten zum Überleben wurden sie von der Gemeinschaft versorgt. Heute gibt es die physische Krankheit Lepra immer weniger, dank einer immer besseren medizinischen Versorgung.
Aber das Ausgesetzt-Werden von missliebigen, anstößigen, nicht den Kriterien der Gemeinschaft entsprechenden Menschen – das gibt es noch! Wo beteilige ich mich an diesem Aussetzen? Was akzeptiere ich in mir selbst nicht?

FürDenken
- Für alle Menschen, die nicht den Normen entsprechen, bitte ich: Erbarme dich!
- Für unsere harten Herzen, die immer urteilen, bitte ich: Erbarme dich!
- Für das in mir und an mir, das ich nicht mag, bitte ich: Erbarme dich!

Alle diese schlechten Handlungen und Eigenschaften kommen von innen heraus und verunreinigen die Menschen. (Mk 7,23)

REINIGEN – KLÄREN

Am Abend

Mutterunser
Du unsere Mutter, unser Vater
Im Gewirr unserer Stimmen
unseres Streitens
unserer Konflikte
höre unseren Schrei nach Frieden
höre unsere Sehnsucht nach einem gerechten Miteinander
Gib uns die Kraft
niemanden auszustoßen
sondern vielmehr in uns selbst
alles anzunehmen, was da ist
im Licht deiner Liebe
Sprich dein Machtwort auch in uns:
Sei geheilt, sei gereinigt!

Stille

Segen für die Nacht
Heim kehre ich zu dir
wie verbrauchtes Wasser
das Unrat, Abfall aufgenommen hat
und geklärt werden muss
So reinige, löse, kläre mich
in dieser Nacht!
Still wie ein klarer See
liege ich unter dem Mond deines Friedens!

Alle diese schlechten Handlungen und Eigenschaften kommen
von innen heraus und verunreinigen die Menschen. (Mk 7,23)

ATMEN

Am Morgen

Anrufung
O Mutter des Alls
Große Weisheit
Zu dir wende ich mich
bringe die Nöte der Menschen
vor dich
und mich selbst
Dein lebendiger Atem
kläre uns
belebe uns
heile uns

Stille

Lesung
Ungefähr alle 22 Jahre nehmen die Sonnenflecken zu oder ab. Man nennt das einen Hale-Zyklus. Alle 11 Jahre polt sich ihr Magnetfeld um.
In Resonanz dazu dehnt sich die Exosphäre der Erde aus oder zieht sich zusammen. Es ist, wie wenn die Erde »einatmet« und »ausatmet«. Drei Lebensabschnitte eines Menschenlebens von ca. je 7 Jahren umfasst dieser Zyklus der Sonne und das Ein- und Ausatmen der Erde!
Brigitte Enzner-Probst

... da bildete ... Gott Adam ... aus Erde vom Acker und blies in seine Nase Lebensatem. Da wurde der Mensch atmendes Leben. (Gen 2,7)

ATMEN

Am Morgen

Übung
Ich atme aus, was mich heute Morgen belastet –
schlechte Träume
Sorgen wegen des Tages
Zeitdruck
lästige Termine
Gespräche mit schwierigen Menschen

Und atme ein, was ich brauche –
Freude zum Beispiel
Leichtigkeit
Kraft

MutWort
Ich atme – darum bin ich!

Segen für den Tag
Möge ich voller Vertrauen leben
Was mich belastet, gebe ich ab
Was ich brauche, erbitte ich
So, im Atemrhythmus meines Gottes
lebe und handle ich
Möge dieser Tag gefüllt sein mit Freude

... da bildete ... Gott Adam ... aus Erde vom Acker und blies in seine Nase Lebensatem. Da wurde der Mensch atmendes Leben. (Gen 2,7)

ATMEN

Am Abend

Anrufung
Du aller Abende Anfang
Mit meinem Atem sauge ich dich ein
in die Löcher meines Lebens
und fülle mich mit deiner Gegenwart
Mit meinem Atem hauche ich dir zu
meiner Seele Beschwernis

Gedanken zum Lebenswort
Wie in einer Mund-zu-Mund-Beatmung neigt sich die göttliche Schöpferin, gibt von ihrem Atem.
Und Adam, die Erdlings-Schöpfung Gottes, atmet ein, saugt ein, nimmt auf. Die lebendige Seele beginnt.
Mein Atmen erinnert mich an diesen Schöpfungsakt.
Mein Atem verbindet mich mit der Quelle des Lebens.

FürDenken
Allen Atemlosen, Gehetzten, Eiligen
wünsche ich eine Atempause, ein Innehalten, ein Warten.
Allen, die gegen den Rhythmus leben und arbeiten müssen,
weil die Bahn auch nachts fährt,
weil die Kranken auch nachts jemanden brauchen,
wünsche ich, dass sie sich in dir geborgen wissen.
Allen, die nichts mehr tun können, weil sie alt und müde sind,
weil sie nur noch mühsam atmen,
weil sie sich für die letzte Reise fertig machen,
wünsche ich, dass sie aufatmen können in dir.

… da bildete … Gott Adam … aus Erde vom Acker und blies in seine Nase Lebensatem. Da wurde der Mensch atmendes Leben. (Gen 2,7)

ATMEN

Am Abend

Mutterunser
Mutter des Universums
atmende Stille in allem
löse uns aus den Verstrickungen
die uns am Leben hindern
Befreie uns vom Blick auf die unerbittlichen
Zeiger der laufenden Zeit
In dir ist Zeit-Raum
Lass uns darin einkehren
und bei dir sein
Jetzt

Stille

Segen zur Nacht
Wie in einer Hängematte aus
Segen
mein Atem und dein Atem
wir miteinander –
so schlafe ich ein!

... da bildete ... Gott Adam ... aus Erde vom Acker und blies in
seine Nase Lebensatem. Da wurde der Mensch atmendes Leben.
(Gen 2,7)

GLAUBEN – VERTRAUEN

Am Morgen

Anrufung
An diesem Morgen
wie jeden Morgen
komm ich zu dir gelaufen
Etwas kindlich komme ich mir vor –
was werden die anderen sagen?
Immer läufst du zu ihr
werden sie sagen
Sei nicht so kindisch
werden sie sagen
Was hilft das schon
Du bildest es dir nur ein
werden sie sagen
Ich aber
komme zu dir gelaufen
und hoffe auf dein
Wort

Stille

Lesung
Wenn es einen Glauben gibt, der Berge versetzen kann,
so ist es der Glaube an die eigene Kraft.
Marie von Ebner-Eschenbach (1830–1916)

Jesus fragte sie: Was fürchtet ihr euch? Habt ihr noch kein
Vertrauen? (Mk 4,40)

GLAUBEN – VERTRAUEN

Am Morgen

Meditation
Ich sehe auf mein Lebensland, wie es vor mir liegt. Da gibt es blühende Stellen und grüne Wiesen. Aber da gibt es auch so viel Dürre und Disteln. So viele Stolpersteine, so viele Hindernisse. Schlamm der Verzagtheit. Knüppeldicke Enttäuschungen.
Da sehe ich in einiger Entfernung einen Zaun und ein Tor.
Ich gehe darauf zu. Über dem Tor steht »Land des Vertrauens«.
Ich bin neugierig, verwundert. Zögernd gehe ich durch das Tor.
Und da: Vor mir liegt mein Lebensland, das gleiche wie vorher!
Aber nun ist alles beglänzt von einem wunderbaren Licht.
Und die Dürre ist bewässert. Die Disteln blühen. Die Stolpersteine sind Teil einer Straße. Die Hindernisse sind überwindbar, der Schlamm ausgetrocknet. Auf den Knüppeln der Enttäuschung kann ich gehen.
Ich wende mich um. Das Tor ist verschwunden! Aber ich weiß:
Ab jetzt lebe ich im »Land des Vertrauens«. Eingetaucht in sein Licht und das Vertrauen ins Leben.

MutWort
Diesen Tag lebe ich voller Vertrauen!

Segen für den Tag
möge der Vorrat an Vertrauen –
in den Wechselfällen dieses Tages aufgebraucht –
Möge der Vorrat an Vertrauen, bitte ich
immer wieder aufgefüllt werden
durch ein gutes Wort, ein herzliches Lächeln
eine Berührung, die guttut

Jesus fragte sie: Was fürchtet ihr euch? Habt ihr noch kein Vertrauen? (Mk 4,40)

GLAUBEN – VERTRAUEN

Am Abend

Anrufung
Nach getaner Arbeit und am Ende dieses Tages
wende ich mich dir zu
Da bin ich wieder
Ich – dein Ebenbild – eine Facette deiner vielen Spiegelbilder
Da bin ich
vor dir

Gedanken zum Lebenswort
Worum geht es bei diesem »Vertrauen – Glauben«?
Sicher nicht um Vertrauensseligkeit oder Leichtgläubigkeit.
Es geht darum, eine Beziehung zum tiefsten Grund der Wirklichkeit
aufzubauen, die wir göttliche Weisheit nennen.
Wie in jeder Beziehung geht das nicht ohne Leiden und Enttäuschun-
gen ab. Aber wenn dieses Vertrauen gewachsen und erprobt ist, dann
ist es unabhängig(er) von den Wechselfällen des Alltags und unseres
Lebens. Es wird auch nicht gleich annulliert, wenn wir Leid, Gewalt
und Not in der Welt wahrnehmen.
Es ist, wie wenn ein besonderes Licht alles überglänzt und erhellt.
Es ist, wie wenn saftiges Leben in alles einkehrt.

FürDenken
- Für alle ewig Misstrauischen, die das ernten, was sie befürchten.
- Für alle Enttäuschten, die von Menschen verlassen wurden.
- Für alle Vertrauensseligen, die jeder Lüge auf den Leim gehen.
- Für alle, die um Vertrauen und Glauben in die höchste Weisheit
  kämpfen, in großer Anfechtung – und sich verlassen fühlen.
Erbarme dich ihrer und unser aller, bitte ich.

Jesus fragte sie: Was fürchtet ihr euch? Habt ihr noch kein
Vertrauen? (Mk 4,40)

GLAUBEN – VERTRAUEN

Am Abend

Mutterunser
ChristusSophia –
in dir ist Sein und Werden eins
Deine neue Schöpfung
ist schon da in dir
Sie werde aber auch Wirklichkeit
in uns und in dieser Welt
jetzt und für immer!
Amen

Stille

Segen zur Nacht
Deine Liebe deckt mich
behütet mich
schützt mich
Wie der Flügel einer Henne
über ihrem Küken
ist deine Nähe über mir
Dir vertraue ich mich an!

Jesus fragte sie: Was fürchtet ihr euch? Habt ihr noch kein
Vertrauen? (Mk 4,40)

GEHEN – LAUFEN

Am Morgen

Anrufung
Im Namen der göttlichen Kraft
die alles geschaffen hat
Im Namen der erbarmenden Liebe
im Namen des belebenden Geistes
mache ich mich auf den Weg
kleide ich mich in deinen Schutz
hülle ich mich in dein Erbarmen
Du, sei mit mir, mein Gott
an diesem Tag

Stille

Lesung
Der Weg zum Himmel ist der Himmel.
Teresa von Avila (1515–1582)

Gott sagt durch Christus: »Ich bin der Weg und die Wahrheit und das Leben«. (Joh 14,6)

GEHEN – LAUFEN

Am Morgen

Übung
Ich probiere heute einmal die vierfache Weise des Gehens und spüre,
wie es mir dabei geht:
1. *Sich gehen lassen*
   Ziellos – was zieht mich? Was will gefunden werden?
   Exploratives, neugieriges, offenes Gehen
2. *Schlendern*
   Lust am Gehen – den eigenen Gang spüren – den beweglichen
   Körper wahrnehmen
3. *Gerichtetes Gehen*
   Ich habe ein Ziel, einen Termin, werde erwartet – ich muss wohin
   gehen – Sachzwänge – pflichtbewusstes Gehen
4. *Eiliges Gehen*
   Alles wird zum Hindernis, was mir im Weg steht – ich versuche, so
   schnell wie möglich, mein Ziel zu erreichen
   Mein Körper wird nur noch instrumentell eingesetzt
   Ich nehme das Auto, die U-Bahn, das Taxi, das Flugzeug

MutWort
Die göttliche Weisheit geht mit mir.

Segen für den Tag
Mögen deine Schritte heiter sein
wo immer die Wege dich hinführen
Leichtfüßig mögest du gehen
zu Zielen, die wahr sind
und dir und anderen wohltun

Gott sagt durch Christus: »Ich bin der Weg und die Wahrheit und
das Leben«. (Joh 14,6)

GEHEN – LAUFEN

Am Abend

Anrufung
Du dreifacher Weg – Kraft, Güte und Weisheit
am Abend dieses Tages
suche ich Einkehr bei dir

Gedanken zum Lebenswort
Wie »geht« es mir? Wo stockt etwas in meiner Lebenskraft?
Was soll ich loslassen, damit es leichter weitergeht?
Christus sagt: Ich bin die Kraft, die dich in Gang bringt!
Ich bin der treue und wahre Begleiter. Ich bringe dich in immer tieferes
und reicheres Leben!

FürDenken
Ich denke an alle Menschen, die Auto fahren, ob nun beruflich oder
privat.
Und bitte: Behüte sie!
Ich denke an die Menschen, die durch einen Unfall schwer verletzt
wurden und nicht mehr gehen können.
Und bitte: Behüte sie!
Ich denke an die Menschen, die es schwer haben, ihren eigenen Weg
zu gehen.
Und bitte: Behüte sie!
Du, Gott, hör mein Gebet!

Gott sagt durch Christus: »Ich bin der Weg und die Wahrheit und
das Leben«. (Joh 14,6)

GEHEN – LAUFEN

Am Abend

Mutterunser
Du unser Alles, mütterlich-väterlich uns zugewandt!
Du bist die Bewegung in allem
auch in uns
und in mir
Gelobt werde dein Name!
Das bitte ich:
Bringe auch uns in Gang
zu andern zu gehen, zu laufen, zu eilen
die uns brauchen, die hungrig sind nach Lebensmitteln
und Leben
Deine Bewegung der Liebe
bringe uns auf Trab

Stille

Segen zur Nacht
Segen sei mit mir wie der Mantel einer Mutter zur Nachtzeit
Segen sei mit mir wie das Lächeln eines Kindes am Morgen
Der Segen Gottes sei mit mir wie eine Freundin auf meinem Weg
So segne mich der dreieinige Gott, jetzt und allezeit und in Ewigkeit
Amen

Gott sagt durch Christus: »Ich bin der Weg und die Wahrheit und das Leben«. (Joh 14,6)

SEHEN – SCHAUEN

Am Morgen

Anrufung
Du bist eine Gottheit
die sieht
und hinschaut
und sich erbarmt
Wie dich Hagar einst anrief –
eine Erzmutter für Ismael und seine Nachkommen
so siehst du auch mich
meine Not
meine Tränen und
meine Freude

Stille

Lesung
Willst du die Ebene überblicken, musst du auf die Berge steigen.
Chinesisches Sprichwort

… so blicken unsere Augen zur Ewigen, unserer Gottheit, bis sie
sich zu uns neigt. (Ps 123,2)

SEHEN – SCHAUEN

Am Morgen

Übung
Es gibt viele Arten zu sehen.
Es gibt das »weiche Sehen«, wenn ich etwas als Ganzheit wahrnehme.
Es gibt das »Sehen nach innen«, wenn ich mich mit jemandem unterhalte und ganz von den inneren Bildern erfasst bin, die während des Gesprächs in mir aufsteigen.
Es gibt das harte Fixieren, wenn ich jemanden kritisch betrachte.
Es gibt das »Sehen der Liebe«, wenn ich jemand ansehe und Liebe strömt zwischen uns.
Es gibt ein Sehen, das mich mit dem Sein der Dinge verbindet.
Das nennen wir Schauen.

MutWort
Ich schaue alles in Liebe an!

Segen für den Tag
Mit den Augen liebkosen
meinen Baum
jeden Morgen
Unter dem lastenden Blätterdach dahingehen
wie unter einem großen Segen
Und, ach, der Himmel!
Jeder Tag ein anderer Himmel
Wolkentürme und eilige Fetzen
Schäfchenwolken oder schnellziehende, schmale Streifen
Regenwolken
Ich schaue und bitte:
Möge satter Segen fließen!

... so blicken unsere Augen zur Ewigen, unserer Gottheit, bis sie sich zu uns neigt. (Ps 123,2)

SEHEN – SCHAUEN

Am Abend

Anrufung
Zu dir
schlage ich die Augen meines Herzens auf
am Abend meines Tages
Zu dir hin
öffne ich mein Herz
Und lade ab
was ich und andere mir aufgeladen haben
Lass mich ruhen und sein bei dir

Gedanken zum Lebenswort
Wie eine jüngere Frau zur älteren Freundin hinschaut –
erwartungsvoll, neugierig auf Austausch und Mitteilung –
so dürfen wir schauen auf Gott!

FürDenken
An dein Herz lege ich heute Abend:
* die Übergangenen
* die am Rand Lebenden
* die Unscheinbaren
* die mit einer Einschränkung Lebenden
* die zu »Sündenböcken« gemacht worden sind
Für sie alle bitte ich: Schau sie an!
Und lehre mich, sie zu sehen mit einem liebevollen Blick.

… so blicken unsere Augen zur Ewigen, unserer Gottheit, bis sie sich zu uns neigt. (Ps 123,2)

SEHEN – SCHAUEN

Am Abend

Mutterunser
Du, meine MutterVater
die nach mir sieht, die mich kennt, die mich liebt
Dein Name ist ausgebreitet über alles Geschaffene
Deine Liebe ist ausgebreitet auch über mein Leben
In dich berge ich mich
Dein Segen reicht weiter als meine Gedanken
Dein kraftvolles Schaffen weiter als meine Kraft
Gib mir, was ich brauche – jetzt
Zum Beispiel Schlaf, liebevolle Gedanken
einen Menschen, der mir zugewandt ist
Und löse sanft, was sich in mir verstrickt hat
was mich hindert, voll und ganz zu leben
Und vergib mir
wo ich mich mit der Oberfläche zufriedengebe
wo du doch die Quelle bist
Dir, ja dir allein gehört mein Leben
Aller Preis und Glanz gehört dir jetzt und allezeit
Amen

Segen zur Nacht
Breit deinen Mantel über mich
und hüte mich diese Nacht
wie deinen Augapfel
wie dein Liebstes
heute Nacht an deinem Herzen

… so blicken unsere Augen zur Ewigen, unserer Gottheit, bis sie sich zu uns neigt. (Ps 123,2)

LEUCHTEN – STRAHLEN

Am Morgen

Anrufung
Du feuerfarbene Frühe des Morgens
Fünffingriges Licht
das sich über
die Hänge der steinernen Berge
bis zu mir tastet
Sei gepriesen, du Schöne
im Morgenrot deiner Schöpfung
Sei gepriesen
am Anfang dieses Tages
Da geht auch mir das Herz auf
Ich richte meine Seelenaugen auf dich
und wage es
zu leuchten, zu strahlen
heute

Stille

Lesung
Mögest du immer bedenken, dass da, wo Schatten fällt, Licht ist.
Irisches Sprichwort

Die Ewige ist mein Licht und meine Befreiung – vor wem sollte
ich mich fürchten? (Ps 27,1)

LEUCHTEN – STRAHLEN

Am Morgen

Übung
Ich strecke und dehne mich
Ich atme Klarheit ein
und alles Üble aus
Ich sende Strahlen aus meiner Mitte
in die ganze Welt

MutWort
Ich strahle Licht aus!

Segen für den Tag
Dieser Tag – möge er mich lichtvoll überraschen!
Dieser Tag – möge es um mich und in mir heller werden!
Dieser Tag – mögen sich andere Licht von mir borgen!

Die Ewige ist mein Licht und meine Befreiung – vor wem sollte
ich mich fürchten? (Ps 27,1)

LEUCHTEN – STRAHLEN

Am Abend

Anrufung
In deinem Lichtraum sein
ausgebreitet vor dir, göttliche Weisheit!
Alles Unklare, Verwirrte, Schwere, Dunkle
neu belichten lassen
Entwickle deine neue Schöpfung in mir!

Gedanken zum Lebenswort
Unsere Lebensaufgabe ist es, immer lichter und leichter zu werden.
Alle Schrecken der Vergangenheit dürfen erinnert und aufgelöst werden.
Alle Ängste dürfen wir anschauen und uns Beistand holen für die Schritte, die zu gehen sind.

FürDenken
Heute denke ich an alle,
- die es schwer haben mit sich, weil sie unsichtbare Seelenlasten tragen,
- die sich verheddert und verstrickt haben in scheinbar unlösbaren Konflikten,
- die Verantwortung tragen für das gute Auskommen der Nationen miteinander.

Lass ihnen allen leuchten dein Angesicht – und führe sie den Weg zum Frieden!

Die Ewige ist mein Licht und meine Befreiung – vor wem sollte ich mich fürchten? (Ps 27,1)

LEUCHTEN – STRAHLEN

Am Abend

Mutterunser
Dein ist das Reich und die Kraft und die Herrlichkeit
In dir lebt die bedingungslose Liebe
Bei dir lernen wir das Leuchten des Herzens
von innen her
Von Ewigkeiten her ist es so
und so soll es auch bei uns sein
für immer
Amen

Stille

Segen zur Nacht
Wie dunkel es auch um mich herum sein mag –
deine Liebe leuchtet auch in der Nacht
Wie dunkel es auch in mir sein mag –
ich lasse mich durchlichten
von deiner Liebe!
In deinem Segen lege ich mich zur Ruhe

Die Ewige ist mein Licht und meine Befreiung – vor wem sollte
ich mich fürchten? (Ps 27,1)

WISSEN – WEISE SEIN

Am Morgen

Anrufung
Innerste Weisheit
Wissen von alters her
dich rufe ich an
Göttliche Langmut
großherzige Güte
sie mögen mich begleiten und
weise Entscheidung
ermöglichen

Stille

Lesung
Oh Kraft der Weisheit!
Du umfasstest den Kosmos,
umkreistest und umarmtest mit deinen drei Flügeln alles
in einer lebendigen Sphäre:
einer fliegt in die Höhe,
ein anderer schwitzt aus der Erde
und ein dritter bewegt sich überall hin.
Dir sei Lob, Weisheit, wie es dir gebührt!
Hildegard von Bingen (1098–1179)

In Christus sind alle Schätze der Weisheit und der Erkenntnis verborgen. (Kol 2,3)

WISSEN – WEISE SEIN

Am Morgen

Meditation
Wir setzen uns gut hin, schließen die Augen, spüren, wie wir mit der Erde verbunden und zum Himmel hin aufgerichtet sitzen.
Und dann stellen wir uns vor, wie sich in der Erde ein Raum zeigt, in dem unsere Innere Weisheit wohnt. Wir gehen näher hin und schauen: Ist es eine Höhle, ein Spalt, ein Zimmer in einem Haus?
Und dann gehen wir in den Raum und schauen: Ist da jemand?
Wie sieht diese Gestalt aus? Wir begrüßen sie, stellen uns vor.
Wir können auch Fragen stellen. Wichtiger aber ist es, still und gesammelt auf unsere Innere Weisheit zu schauen.
Wenn wir einige Zeit bei unserer Inneren Weisheit verbracht haben, verabschieden wir uns und kehren wieder zurück. Mit einer Geste des Dankes beenden wir diese Imaginationsreise.

MutWort
Ich vertraue meiner Inneren Weisheit!

Segen für den Tag
Du Große Weisheit
gieße dich aus
über die Fragen meines Lebens
Leite mich
gib mir die Bilder, die ich brauche
die Sätze, heilsam zu sagen
Weisheit – gieße dich aus

In Christus sind alle Schätze der Weisheit und der Erkenntnis verborgen. (Kol 2,3)

WISSEN – WEISE SEIN

Am Abend

Anrufung
Schöpferin unseres Denkens
dein Ebenbild bin ich
in meinem immer forschenden Geist
in meiner fragenden Seele
und mit einem Herzen, das Weisheit liebt –
Deine Lektionen lerne ich gerne und deiner Unterweisung
will ich folgen an diesem Tag

Gedanken zum Lebenswort
Weisheit bedeutet ein Wissen des Herzens, das umfassender ist als das Wissen, das wir aus Büchern lernen. Es ist mit Leben und Erfahrung getränkt.
Deshalb ist es gut, in den Büchern weiser Menschen zu lesen.
Nicht um deren Erfahrungen zu übernehmen, sondern um Mut zu fassen, der eigenen Inneren Weisheit zu folgen.
Deshalb ist es gut, sich von den Heiligen Schriften inspirieren zu lassen – um zur eigenen Inneren Weisheit zu gelangen!

FürDenken
- Für alle Menschen, die in Wissenschaft und Forschung arbeiten – dass sie dennoch ihre Innere Weisheit wertschätzen.
- Für alle, die keinen Zugang zur Schulbildung haben – dass sie beharrlich nach Wissen streben.
- Für alle Lehrenden – dass sie Wissen und Herzens-Weisheit vermitteln.

In Christus sind alle Schätze der Weisheit und der Erkenntnis verborgen. (Kol 2,3)

WISSEN – WEISE SEIN

Am Abend

Mutterunser
Du unsere Freundin/Begleiterin/Alles
Dein Name – geheiligt
Dein Wille – geschehen
Unsere Bedürfnisse – gesehen
Unsere Schuld – vergeben
Unseren Feinden – verziehen
Die Versuchung – durch sie hindurchgeführt
Die Verstrickung – gelöst
Wir danken dir
Wir singen dein Lob
Dir jubeln zu Himmel und Erde
Du bist der Anfang und das Ende
jetzt und in Ewigkeit
Amen

Stille

Segen zur Nacht
So viel gehört, gesehen und gelesen an diesem Tag –
Jetzt aber kehre ich ein bei dir
Lass mich dir lauschen
in der Stille des Herzens
hören auf
deine zarten Eingebungen, Bilder und Worte
Und lass mich schlafen
in deinem Frieden

In Christus sind alle Schätze der Weisheit und der Erkenntnis
verborgen. (Kol 2,3)

SPRECHEN – REDEN

Am Morgen

Anrufung
Heute Morgen
sprachlos und müde
so bin ich vor dir
Aber du verstehst mich
und kennst die Sprache meines Herzens
Dir schweige ich mich zu

Stille

Lesung
Auf der Waage der Worte
abwägen
was es wert ist
gesagt zu werden
Entäußert aus dem Innersten
es nach außen zu bringen
HerzWorte wiegen
wahr
Brigitte Enzner-Probst

Da antwortete der Hauptmann: Ich vertraue dir ...
Aber sag nur ein Wort und mein Sklave wird gesund. (Mt 8,8)

SPRECHEN – REDEN

Am Morgen

Übung
Es ist gar nicht so einfach, in einer bestimmten Situation das rechte Wort zu finden.

Öffentlich laut und vernehmlich zu reden – darauf kann ich mich vorbereiten.

Aber wenn ich einer Person begegne, die ich nicht kenne, und sie schüttet mir ihr Herz aus, was dann? Dann hilft es wenig, kluge Bücher gelesen zu haben, Ratgeber oder Sätze zu wiederholen, die andere gesagt haben.

Dann ist es wichtig, auf die Herzensebene zu gehen und erst einmal zuzuhören und still zu sein. Nichts zu wissen als dies eine: an der Seite eines anderen Menschen zu stehen, einen Raum um uns entstehen zu lassen, in dem sich Worte ereignen können.

MutWort
Heute will ich klar sprechen!

Segen für den Tag
Worte aufsteigen lassen aus der Tiefe
Schöpfeimer
für das tiefe Sein
für die summende Stille
für die perlende Freude
Worte schöpfen, damit wir leben
Gesegnet meine Worte
Gesegnet mein Sprechen

Da antwortete der Hauptmann: Ich vertraue dir ...
Aber sag nur ein Wort und mein Sklave wird gesund. (Mt 8,8)

SPRECHEN – REDEN

Am Abend

Anrufung
Heute Abend bin ich leer und stumm
Was ich sagen will, ist in mir vertrocknet
Du aber
sprich zu meinem Herzen
damit ich lebe

Gedanken zum Lebenswort
Maria von Magdala hat etwas erfahren, das alle Erfahrung übersteigt.
Leben – wo Tod alles zerstört hatte!
Sie hat keine Sprache dafür. Sie versucht es trotzdem …
Und erntet zunächst ironisches Lächeln. Sie ist ja eine Frau!
Frauen sind immer so leichtgläubig …
Ich kann mit ihr mitfühlen. Erst wenn ein Mann es sagt, wird es gehört
…
Hören wir als Frauen aber gerade deshalb nicht auf zu sprechen.
Es ist wichtig, dass wir unsere Erfahrungen von Auferstehung und neuem Leben in Worte fassen, auch wenn unsere Sprache nicht hinreicht.
Worte sind Schöpfeimer, damit auch andere vom Brunnen der Geistkraft trinken können!

FürDenken
Heute denke ich an die Menschen,
- die ohne Stimme geboren wurden,
- die zwar sprechen können, aber nicht gehört werden,
- die zum Schweigen gebracht werden durch Erpressung und Geld,
- die durch Schicksalsschläge stumm geworden sind.
Und ich bitte: Höre ihre wortlose Klage und antworte ihnen!

Da antwortete der Hauptmann: Ich vertraue dir …
Aber sag nur ein Wort und mein Sklave wird gesund. (Mt 8,8)

SPRECHEN – REDEN

Am Abend

Mutterunser
Du über Alles
Dein Name werde geheiligt
Deine Herrschaft, Kraft und Macht
erreiche uns
breite sich aus
in den guten Worten
die wir weitersprechen
in deinem Segen
den wir weiterschenken
im täglichen Brot
das wir miteinander teilen
wie alles Übrige, was wir zum Leben brauchen
Deshalb löse uns aus allem Verstummtsein
aus aller Schüchternheit
und führe uns
zu Worten, die klar sind und heilsam

Segen für die Nacht
Schweigen
die vielen Worte hinter sich lassen
Schenke mir
dein eines Wort
und das heißt:
Du!

Da antwortete der Hauptmann: Ich vertraue dir …
Aber sag nur ein Wort und mein Sklave wird gesund. (Mt 8,8)

FLIESSEN

Am Morgen

Anrufung
Über der Mattheit meines Körpers
rufe ich dich an
Klare Gottheit
Fließende Kraft
Bring doch
ich bitte dich
auch in meinem Leben
den Schnee von gestern
zum Schmelzen
Lass Leben fließen

Stille

Lesung
Ein fließendes Licht meiner Gottheit
in alle Herzen, die da leben ohne Falschheit.
Mechthild von Magdeburg (1207–1294)

... die Liebe Gottes ist in unsere Herzen gegossen durch die heilige Geistkraft, die uns geschenkt ist. (Röm 5,5)

FLIESSEN

Am Morgen

Übung
Heute Morgen konzentriere ich mich auf alles in meinem Körper, was fließt.
Ich nehme die Blutbahnen wahr. Das Herz pumpt unermüdlich, hält das Blut am Fließen.
Der Atem fließt ein und aus, streicht über die Lungenbläschen, meinen Gaumen, die Nasenhöhle und die Lippen.
Ich trinke Wasser und spüre, wie es die Kehle hinabfließt, in den Magen und von dort weiter, weiter und irgendwann einmal wieder zur Erde.
Mein Körper sieht so stabil aus – aber in Wirklichkeit besteht er zu 60 % aus Flüssigkeiten. Alles in mir ist im Fluss und lebt in einem beständigen Gleichgewicht des Fließens.
Auch in meiner Seele will alles Starre ins Fließen kommen. Alles, was mich am Leben hindert, soll schmelzen und weich werden. Aber auch alles Gute, das ich so gern behalten möchte – nichts lässt sich für immer festhalten. Es will bedankt werden und weiterfließen.

MutWort
Ich bin im Fluss!

Segen für den Tag
Diesen Tag will ich leben
erfüllt von Liebe
überfließend an Segen
im Schutz deiner Liebe

... die Liebe Gottes ist in unsere Herzen gegossen durch die heilige Geistkraft, die uns geschenkt ist. (Röm 5,5)

FLIESSEN

Am Abend

Anrufung
ChristusSophia
befreie mich
aus dem Gespinst des Alltags
wasche meine staubbedeckte Seele
Geistkraft – durchatme mich
durchfließe mich
belebe mich

Gedanken zum Lebenswort
Wie wunderbar sind wir doch geschaffen! Geheimnisvoll und fein abgestimmt greift in unserem Körper ein Element ins andere.
Hunderte von unterschiedlichen Ebenen korrespondieren miteinander.
Alles fließt – alles lebt.
Wenn ich krank bin, erkenne ich das noch mehr. Etwas ist ins Stocken geraten und will wieder ins Fließen kommen.
Es ist die Liebe, die alles Starre auflöst, die heilt und uns erfüllt.

FürDenken
Heute Abend denke ich an
• die Menschen, die ihre Meinungen starr festhalten,
• die Menschen, die auf den Streit mit anderen fixiert sind,
• die Paare, die keinen Ausweg mehr aus ihren Streitmustern wissen.
Du Gott der Liebe, schick ihnen Mitmenschen, die sie locken, ins Fließen zu kommen.
Schick ihnen deine göttliche Sonne – und bring zum Schmelzen und Fließen, was starr und kalt ist.

... die Liebe Gottes ist in unsere Herzen gegossen durch die heilige Geistkraft, die uns geschenkt ist. (Röm 5,5)

FLIESSEN

Am Abend

Mutterunser
Du unsere Mutter
geheiligt und geliebt in den unendlichen Räumen
des Universums
gieße aus deine Liebe, dein Leben
auch auf unsere Erde
Komm mit deiner Kraft
und schmelze unsere starren Muster ein
Erwärme, was erstarrt ist in Angst und Hochmut
damit wir dich loben
von ganzem Herzen
Amen

Stille

Segen zur Nacht
Möge die göttliche Segenskraft mich durchfließen
wie ein mächtiger Strom
Sie durchfließe meinen Leib, meine Seele, meinen Geist
alle Orte meines Lebens
alle Zeiten dieser Welt
Möge sie durch uns weiterfließen zu denen, die sie brauchen
Mögen wir alle gesegnet sein!

... die Liebe Gottes ist in unsere Herzen gegossen durch die
heilige Geistkraft, die uns geschenkt ist. (Röm 5,5)

ARBEITEN

Am Morgen

Anrufung
Da bin ich endlich
vor dir, Ewige
unaufgeräumt
und doch schon so geschäftig ...
Große Kraft des Friedens
lass mich vor dir
da sein

Stille

Lesung
Das Wort »Arbeit« bedeutet im Alt- und Mittelhochdeutschen – im Gegensatz zu »Werk« (Handwerk) – eher »Mühsal, Strapaze, Not«. Erst durch die Reformation und das aufkommende Bürgertum wird es positiv gedeutet. Arbeit ist jetzt zielgerichtete Tätigkeit, einerseits zum Lebensunterhalt, andererseits aber auch als wichtiger Beitrag zur gesellschaftlichen Entwicklung.

Sechs Tage lang sollst du für deinen Lebensunterhalt arbeiten. Aber am siebten Tag sollst du alles liegen lassen, damit auch dein Rind und Esel ausruhen können ... (Ex 23,12)

ARBEITEN

Am Morgen

Übung
Jede hat so ihre eigene Angewohnheit, die Pflichten und Aufgaben in Beruf, Familie und Haushalt zu ordnen.
Viele legen Listen an, was zu tun ist, um den Überblick zu behalten.
Und trotzdem ist es manchmal gut, auf die innere Stimme zu vertrauen.
Sie sortiert, sie macht das Wichtige groß, sie lässt den rechten Zeitpunkt erahnen für bestimmte Aufgaben.
Sie macht auch frei, das Unwillkommene zu begrüßen, als Chance zu begreifen, sich trotz allem mit Neugier darauf einzustellen.
Und: sie sagt mir deutlich, wann ich eine Pause brauche, wann es genug ist.
Also: Listen anlegen.
Und sie dann weglegen und auf die innere Stimme horchen.
So macht das Arbeiten viel mehr Spaß!

MutWort
Ich arbeite mit Lust!

Segen für den Tag
Möge mein Arbeiten und mein Nichtstun
mögen meine Projekte und meine Pausen
möge mein Ausatmen und Einatmen
gesegnet sein

Sechs Tage lang sollst du für deinen Lebensunterhalt arbeiten. Aber am siebten Tag sollst du alles liegen lassen, damit auch dein Rind und Esel ausruhen können ... (Ex 23,12)

ARBEITEN

Am Abend

Anrufung
Im Gestrüpp des Alltags schaue ich nach dir, freundlicher Gott
Verborgen bist du
eingewebt in die Textur der Tage, die vorübereilen
Schenke mir Oasen, Haltepunkte, Lichtungen
heute Abend, in dieser Nacht, für einen Atemzug oder wann immer
sich unsere Blicke treffen
Mit dir zu leben
ist mein Glück und meine Kraft

Gedanken zum Lebenswort
Es gibt Arbeiten, zu denen ich mich quälen muss, die ich nicht mag.
Und es gibt Bedingungen von Arbeit, die unwürdig sind. Schlechte
Vorgesetzte, ein mieses Betriebsklima.
Ganz anders das Arbeiten, in das die Lust des Herzens einfließt.
Das mich in Kontakt bringt mit Menschen, mich als ein Element in der
Gemeinschaft von vielen erfahren lässt.
Wie lässt sich diese Herzenslust auch in einem wenig förderlichen
Arbeitsumfeld verstärken? Solche Fragen werden beantwortet, wenn
wir »ruhen« und einmal nichts tun. Und uns der göttlichen Weisheit
öffnen, die will, dass wir mit Freude arbeiten.

FürDenken
Heute denke ich an die Menschen,
• die viel arbeiten und sich doch nur kümmerlich davon ernähren,
• die keine Arbeit haben und sich ausgegrenzt fühlen,
• die in ihrer Arbeit nicht gewürdigt werden.
Erbarme dich!

Sechs Tage lang sollst du für deinen Lebensunterhalt arbeiten.
Aber am siebten Tag sollst du alles liegen lassen, damit auch
dein Rind und Esel ausruhen können ... (Ex 23,12)

ARBEITEN

Am Abend

Mutterunser
MutterVater von uns allen!
Diese wunderbare Schöpfung
dieses unermessliche Universum
dein großes Werk
als Künstlerin hast du es geschaffen
Deine Handschrift – sichtbar für die, die sie lesen können
Dein Name – klingt in allem für die, die hören können
Du hast die Menschen geschaffen als deine Ebenbilder
als Künstlerinnen und Künstler, die fortführen
was du begonnen hast
die weiterbauen sollen
in Frieden und Gerechtigkeit
wozu du den Grund gelegt hast
Befähige uns dazu
Lass deine Geistkraft in uns stark werden
In dir und mit dir und durch dich ist alles und wirkt alles
in Schönheit und Freude

Stille

Segen für die Nacht
Die Zeit des Arbeitens ist vorbei
die Zeit des Ruhens und Schlafens ist gekommen
Gesegnet sei, was getan wurde
Gesegnet, was liegen bleiben muss ...
Gesegnet die große Pause dieser Nacht!

Sechs Tage lang sollst du für deinen Lebensunterhalt arbeiten.
Aber am siebten Tag sollst du alles liegen lassen, damit auch
dein Rind und Esel ausruhen können ... (Ex 23,12)

SINGEN

Am Morgen

Anrufung
Im Namen der Lebendigen
der Gebieterin zeitloser Zeiten
im Namen der alles belebenden Liebe
beginne ich diesen Tag!
Du bist mein Gott
die Ewige
die über den Gesängen der Erde wohnt
dir singe auch ich mein Lob
an diesem Morgen

Stille

Lesung
Die Erde ist angefüllt mit Himmel.
Elizabeth Barrett Browning (1806–1861)

Judith sang: Stimmt meiner Gottheit mit Handtrommeln an,
singt meinem Herrn mit Zimbeln. (Jdt 16,1)

SINGEN

Am Morgen

Übung
Heute Morgen will ich meine Stimme wecken.
Ganz tief unten – beginne ich zu brummen.
Dann sanft und behutsam – beginne ich zu summen.
Dann etwas lauter – eine Melodie, die mir gerade einfällt.
Und dann ganz laut – ich schmettere einen Ton hinaus!
So wecke ich meine Kehle und Stimme.
Und meine Seele.
Beides ist im Hebräischen das gleiche Wort.

MutWort
Ich singe aus vollem Herzen!

Segen für den Tag
Meine Stimme segne
Mein Summen
Brummen
Seufzen
Flüstern
Sprechen
Singen segne
Lass mich zu einer Stimme werden
die mitsingt im
Chor deiner Schöpfung

Judith sang: Stimmt meiner Gottheit mit Handtrommeln an,
singt meinem Herrn mit Zimbeln. (Jdt 16,1)

SINGEN

Am Abend

Anrufung
Du Urklang von allem
klingst auch in mir
Deine Melodie
singt mein Herz

Gedanken zum Lebenswort
Das Universum und jeder Teil darin ist ein Klang, ein viel-stimmiges
Singen, eine Symphonie. Ausgehend vom Urklang ganz am Anfang,
dem »Es sei!« durch Christus, das Schöpfungswort.
Ich will klingen und mitsingen.
Aber manchmal bleibt mir der Ton in der Kehle stecken.
Sprachlos bin ich gegenüber Frechheit und dreister Lüge.
Wie komme ich wieder in meinen Klang und Gesang?
Wenn ich aufmerksam lausche auf das vielstimmige Summen in mir
und in der Schöpfung um mich – dann weitet sich mein Herz.
Und ich kann wieder einstimmen!

FürDenken
Ich denke an
* die Menschen, die meinen, nicht singen zu können,
* die Kinder, die ihre eigenen Lieder erfinden und glücklich vor sich
  hinsingen,
* die Sängerinnen und Sänger, deren Beruf es ist, zu singen,
* die vielen Chöre, Chorleiterinnen und Chorleiter,
* die Komponistinnen und Komponisten.
Und bitte um Einklang und Mut, auch Dissonanzen zu ertragen und
Reibungen zu nutzen, um sich weiterzuentwickeln.

Judith sang: Stimmt meiner Gottheit mit Handtrommeln an,
singt meinem Herrn mit Zimbeln. (Jdt 16,1)

SINGEN

Am Abend

Mutterunser
Du Gebieterin des Alls
der Sphärenklänge von Sternen und Planeten
von Monden und Milliarden von Sonnen
Breite die Frequenz deiner Liebe aus
bitte ich
auch auf unserer gebeutelten Erde
in deiner verstummten Schöpfung
Lass es nicht zu spät sein
Dir gehört doch alles
Durch dich lebt alles
So schicke auch ich dir
ein Lied, einen Klang, einen Gesang!

Stille

Segen für die Nacht
In deine Stille kehre ich ein
in den Wohlklang deines Friedens
Segne meinen Schlaf und diese Nacht!

Judith sang: Stimmt meiner Gottheit mit Handtrommeln an,
singt meinem Herrn mit Zimbeln. (Jdt 16,1)

NÄHREN – GENÄHRT WERDEN

Am Morgen

Anrufung
An diesem Morgen
rufe ich zu dir
wie ein Kind nach seiner Mutter
Nähre mich
stille mich
halte mich
an diesem Tag!

Stille

Lesung
Nimm ein HerzWort mit in den Tag
das dich nährt tief innen
das dich stärkt und schützt
Kehre immer wieder zurück zu diesem Wort
im Lärm der vielen Wörter
Nähre deine Seele mit den
HerzWorten
der Ewigen
Brigitte Enzner-Probst

Seht euch die Vögel des Himmels an: Sie säen nicht und ernten
nicht, sammeln auch keine Vorräte in Scheunen … – und Gott,
Vater und Mutter für euch im Himmel, ernährt sie. (Mt 6,26)

NÄHREN – GENÄHRT WERDEN

Am Morgen

Übung
Ich stehe gut. Atme tief aus und ein.
Dann schlinge ich meine Arme um meinen Körper,
in einer festen Umarmung.
So halte ich mich – so lange, wie es mir guttut.
Ich atme ein – ich werde genährt.
Ich atme aus – ich lasse los, was unbekömmlich ist.
Ich werde gehalten und genährt!

MutWort
Ich werde genährt!

Segen für den Tag
Der Tag liegt vor mir
still und mit offenen Augen
wie ein Kind, das in die Arme genommen werden will
liebevoll
So will ich diesen Tag heute nehmen
nähren, tragen
damit Liebe wächst, Freude funkelt, Gelächter aufperlt
Tränen leichthin getrocknet werden
Taten der Gerechtigkeit blühen
Zukunft gesät wird
Möge dieses Tages-Kind gesegnet sein!

Seht euch die Vögel des Himmels an: Sie säen nicht und ernten
nicht, sammeln auch keine Vorräte in Scheunen ... – und Gott,
Vater und Mutter für euch im Himmel, ernährt sie. (Mt 6,26)

NÄHREN – GENÄHRT WERDEN

Am Abend

Anrufung
Hingegeben an dich
große Liebe
und an das Leben
fülle mich
nähre mich
mit deiner Gegenwart!

Gedanken zum Lebenswort
Für mich, für uns ist gesorgt!
Was also treibt mich um, was lässt mich eng werden und andere auf die Seite schieben?
Für mich ist doch gesorgt!
Für uns alle ist doch gesorgt!
Dieses Vertrauen in sich zu fühlen, zu stärken, zu nähren
– das gibt Frieden.

FürDenken
Für alle,
* die hungrig zu Bett gehen, weil nicht genug zu essen da ist,
* die hungrig sind in ihren Herzen und deshalb nicht schlafen können,
* die zu viel gegessen haben und deshalb nicht wissen, wie gut sich die Freude anfühlt, essen zu können,
* die dem Mangel der anderen nicht abhelfen, sondern sich begnügen, selbst genug zu haben,
bitte ich:
Erbarme dich!

Seht euch die Vögel des Himmels an: Sie säen nicht und ernten nicht, sammeln auch keine Vorräte in Scheunen ... – und Gott, Vater und Mutter für euch im Himmel, ernährt sie. (Mt 6,26)

NÄHREN – GENÄHRT WERDEN

Am Abend

Mutterunser
Du meine Mutter, Freundin, Schwester
Mit jedem Atemzug
bin ich mit dir verbunden
Ich wachse
stehe aufrecht
Ich strecke mich aus zu meiner
vollen Größe
Ich wachse immer noch
Und umarme das All
umarme dich

Stille

Segen zur Nacht
Gerade da, mein Gott
wo ich nichts tue
wo ich liege und schlafe
mich einrolle in mich selbst
Gerade da, mein Gott
macht sich meine Seele auf
dich zu suchen, dich zu schauen
Nähre sie und mich
Segne sie und mich
in dieser Nacht
Amen

Seht euch die Vögel des Himmels an: Sie säen nicht und ernten
nicht, sammeln auch keine Vorräte in Scheunen ... – und Gott,
Vater und Mutter für euch im Himmel, ernährt sie. (Mt 6,26)

WEINEN – LEIDEN

Am Morgen

Anrufung
Um Trost ist mir bange
heute Morgen
Tränen verstopfen meine Seele
Ich habe keine Zeit
sie zu weinen
Halte mich
Halte zu mir
trotz allem

Stille

Lesung
Man kann Weinenden nicht die Tränen abwischen,
ohne sich die Hände nass zu machen.
Aus Südafrika

Die mit Tränen säen – mit Jubel werden sie ernten. (Ps 126,5)

WEINEN – LEIDEN

Am Morgen

Übung
Ich stelle mir vor, dass ich ein kleines Kind bin.
Das Knie ist aufgeschlagen und tut weh.
Ich weine bitterlich.
Da kommt jemand, die Mutter, der Vater, ein älterer Bruder,
eine Schwester. Und nimmt mich auf den Schoß,
streicht mir über den Kopf.
Sagt »Heile, heile Segen …« Da hören die Tränen auf.
Wir brauchen im Schmerz und im Leiden Menschen,
die zu uns halten und uns in den Arm nehmen!
Wen könnte ich darum bitten?

MutWort
Ich wage es, zu weinen!

Segen für den Tag
Gesegnet, wenn ich weine
Ich lasse meinen Körper und meine Seele sprechen
Gesegnet, wenn ich meine Gefühle zeige
Sie geben meiner Seele, meinem Körper Ausdruck
Gesegnet dieser Tag!

Die mit Tränen säen – mit Jubel werden sie ernten. (Ps 126,5)

WEINEN – LEIDEN

Am Abend

Anrufung
Du große Liebe –
mir unendlich gegenüber
Ich dagegen klein, verzagt, verweint
So bin ich
vor dir!

Gedanken zum Lebenswort
Das Bibelwort sieht Tränen wie Samenkörner an. Sie werden auf dem Boden verstreut und niemand weiß, ob sie aufgehen.
Auch Tränen fließen erst einmal, ohne dass ich weiß, was wird.
Sie lassen das Gesicht aufquellen, machen dicke Augen und in der Regel einsam.
Und doch – vielleicht sind sie ja auch der Anfang für etwas Größeres, das in uns wachsen will? In jedem Fall schaffen Tränen Platz in uns, damit Neues nachfließen kann.
Lassen wir unser Weinen, lassen wir unsere Tränen sein wie Samenkörner für etwas unerwartet Neues!

FürDenken
ChristusSophia, es ist zum Weinen, wie wir mit deiner Erde umgehen. Deshalb bitte ich
• für alle Gedankenlosen, die Müll produzieren, ohne es zu merken,
• für alle Gierigen, die mehr verbrauchen als ihnen zusteht,
• für alle Gewalttätigen, die es brauchen, andere klein zu machen,
dass wir alle bereit sind, uns zu ändern und über unsere Hartherzigkeit zu weinen – bevor es zu spät ist – für uns alle.

Die mit Tränen säen – mit Jubel werden sie ernten. (Ps 126,5)

WEINEN – LEIDEN

Am Abend

Mutterunser
Du Alles über Alles
Dein Wesens-Name klingt
heilig in allem
was du geschaffen hast
Mache dir Raum auch in uns, bitte ich
weite uns
Großherzig zu sein, lehre uns –
ein bisschen mehr als gestern!
Damit dein Reich zu uns komme –
ein bisschen mehr als gestern!
Amen

Stille

Segen für die Nacht
Alle Tränen
die geweinten und die ungeweinten
mögen gesegnet sein!
Friede fülle mich aus
in dieser Nacht

Die mit Tränen säen – mit Jubel werden sie ernten. (Ps 126,5)

AUFSTEHEN

Am Morgen

Anrufung
Du meine Aufhelferin
großes Du
Mir immer zugewandt
Dir spreche ich mein Gebet zu
Niedergeknickt bin ich
von der Last des Tages gestern
und der Fülle der Pflichten heute
Hilf mir auf!
Lass mich stehen vor dir
und Freude schöpfen
aus deinem Anblick

Stille

Lesung
Heute ist der erste Tag vom Rest deines Lebens!
Anonym

Wie Bäume werden sie sein, gepflanzt an Wasserläufen, die ihre Frucht bringen zu ihrer Zeit, und ihr Laub welkt nicht. (Ps 1,3)

AUFSTEHEN

Am Morgen

Übung
Langsam nach unten abrollen, Wirbel für Wirbel,
bis ich den Boden berühre. – Pause –
Langsam mich aufrichten, Wirbel für Wirbel,
bis ich mich aufgerichtet spüre. – Pause –
Jetzt – von Kopf bis Fuß,
mit Haut und Haar
bin ich da
zwischen Erde und Himmel.
Da bin ich!

Stille

MutWort
Ich stehe aufrecht!

Segen für den Tag
Segen vom Himmel
richte mich auf
ziehe mich nach oben
stelle mich aufrecht

Segen von der Erde
nähre, stärke, fülle, gründe mich

Segen der göttlichen Kraft
fülle mich ganz
an diesem Tag

Wie Bäume werden sie sein, gepflanzt an Wasserläufen, die ihre
Frucht bringen zu ihrer Zeit, und ihr Laub welkt nicht. (Ps 1,3)

AUFSTEHEN

Am Abend

Anrufung
Die du immer neues Leben bringst
aus noch so großen Dunkelheiten
An diesem Morgen
an diesem Alletage-Tag
wende ich mich an dich und bitte:
Lass mich
aufgerichtet zwischen Himmel und Erde
aufrichtig leben
an diesem Tag

Gedanken zum Lebenswort
Stehen wie ein Baum, so still, so selbstverständlich, einfach so!
Einen Baum fragen, wie er das macht, gut zu stehen.
Wasser holen mit den Wurzeln, auch wenn es heiß zugeht,
Blätter entfalten und blühen und stark sein.
Aber auch – stehen und loslassen und kahl werden ...
Sich dafür nicht zu schämen, sondern zu stehen in großer Ruhe.
Den Winter aushalten – damit Neues werden kann!

FürDenken
• Für alle Menschen, die labil sind – körperlich oder seelisch,
• Für alle, die Unglück und Schrecken umgeworfen haben,
• Für alle, die durch Naturkatastrophen beschädigt wurden,
  bitte ich, dass sie aufstehen können
  und einen neuen und guten Stand finden!

Wie Bäume werden sie sein, gepflanzt an Wasserläufen, die ihre
Frucht bringen zu ihrer Zeit, und ihr Laub welkt nicht. (Ps 1,3)

AUFSTEHEN

Am Abend

Mutterunser
Du immer neu aufrichtende Kraft des Universums
zu dir wende ich mich
hebe meine Hände auf zu dir
Aufrichtig bitte ich
Lass mich die Richtung erkennen
in der sich deine Welt entwickeln will
damit dein Reich sich verwirkliche
jetzt und hier
Und dein Wille geschehe –
endlich, ach endlich
auch bei uns auf Erden

Stille

Segen zur Nacht
Der Tag neigt sich
Die Nachtseite des Lebens wird sichtbar
auch meine Nachtseite
Sei du mir gnädig
wenn du mich anschaust
Dein Segen hülle mich ein
Gott meiner Nacht

Wie Bäume werden sie sein, gepflanzt an Wasserläufen, die ihre Frucht bringen zu ihrer Zeit, und ihr Laub welkt nicht. (Ps 1,3)

HANDELN

Am Morgen

Anrufung
Still bin ich
da
vor dir
wie ein noch nicht gespannter Bogen
der Pfeil noch nicht eingelegt
der treffen soll
Spanne mich
stärke mich
jetzt
an diesem Tag

Stille

Lesung
Handle so, als sei Scheitern gar nicht möglich!
Dorothea Brande (1893–1943)

Folgt dem Wort, das in euch wirkt, indem ihr es in die Tat
umsetzt und euch nicht etwa mit dem Hören begnügt. (Jak 1,22)

HANDELN

Am Morgen

Übung
Ich strecke meine rechte Hand aus und betrachte sie.
Ich lege meine linke Hand dazu und betrachte sie beide.
So offen, so verletzlich – aber auch so wendig und tatkräftig.
Ich schaue sie so lange an, bis die Lust zum Handeln in mir aufsteigt.
Was will getan werden?
Wozu habe ich heute – neben allen Pflichten und Lasten, neben allem
Müssen und Sollen – wirkliche Lust zum Handeln?

MutWort
Ich habe Lust zu handeln!

Segen für den Tag
Segen erbitte ich für diesen Tag
Segen für mein Sein und meine Lieben
Segen für Wollen und Tun
Segen für mein Handeln
So sei es!

Folgt dem Wort, das in euch wirkt, indem ihr es in die Tat
umsetzt und euch nicht etwa mit dem Hören begnügt. (Jak 1,22)

HANDELN

Am Abend

Anrufung
Da bin ich wieder!
Etwas abgehetzt und gerupft – ich gebe es zu
Aber ich bin da, Ewige
vor dir

Gedanken zum Lebenswort
Wenn ich handle, etwas in die Tat umsetze, unternehme, bewirke, ist es immer gut, sich vorher ein paar Fragen zu stellen:

Wer sagt mir, was ich zu tun habe? Ist es ein Müssen oder Wollen, das mich im Nacken packt und vorwärtsschiebt?

Oder handle ich, weil ich Lust habe, etwas zu verwirklichen? Das spüre ich daran, dass es mich vom Herz- und Bauchraum aus zieht.

Nicht alles im Alltag lässt sich so erledigen – und doch arbeitet es sich so viel leichter, wenn wenigstens die Hälfte unseres Handelns mit Lust getan wird!

FürDenken
Ich denke an
- die Frauen, die Gewalt, Schlägen und Missbrauch ausgesetzt sind. Lass in ihnen wachsen das Gefühl ihrer eigenen Würde,
- die Menschen, die nichts auf die Reihe bringen. Lass in ihnen wachsen die Freude am eigenen Können,
- die Mächtigen, die mit einem Wort so viel bewegen könnten. Lass in ihnen wachsen die Vision einer gemeinsamen Welt.

Folgt dem Wort, das in euch wirkt, indem ihr es in die Tat umsetzt und euch nicht etwa mit dem Hören begnügt. (Jak 1,22)

HANDELN

Am Abend

Mutterunser
Kraftvolle Schöpferin des Alls
von allem, was ist
und in allem, was lebt und ist
Kraftvolle Schöpferin
du auch in mir
Heilig dein Name in Allem
und auch in mir
Kraftvolle Schöpferin des Alls
wie wunderbar sind deine Taten!
In deiner Hand
ruht auch mein Leben

Stille

Segen zur Nacht
Meine Hände sind müde. Sie haben viel geschafft – Mails geschrieben, telefoniert, andere Hände geschüttelt, Kaffee und Tee gekocht, eingekauft, einem Kind tröstend über den Kopf gestreift, Pflanzen eingepflanzt, die Blumen gegossen, Wäsche in die Waschmaschine gefüllt, herausgeholt und aufgehängt.
Jetzt sind meine Hände müde. Sie dürfen es sein.
Ich bin es insgesamt.
Leg deine Hände auf meine, bitte ich.
Lass deinen Segen ausströmen auf sie, bitte ich.
Meine Hände in deinen Händen – so schlafe ich ein.

Folgt dem Wort, das in euch wirkt, indem ihr es in die Tat
umsetzt und euch nicht etwa mit dem Hören begnügt. (Jak 1,22)

VERGEBEN

Am Morgen

Anrufung
Du Allvergebende
da bin ich nun
mit allem
was ich denke und tue und fühle
Da bin ich
vor dir

Stille

Lesung
Wir sollen immer verzeihen – dem Reuigen um seinetwillen, dem
Reuelosen um unseretwillen.
Marie von Ebner-Eschenbach (1830–1916)

Segne die Eine, du meine Lebenskraft! Vergiss nicht, was sie
alles vollbracht hat: Die dir alle deine Schuld vergibt, alle deine
Krankheiten heilt ... (Ps 103,2–3)

VERGEBEN

Am Morgen

Übung
Die Vorsilbe »ver« verstärkt eine Aussage. Im Wort »ver-geben« liegt also die Bedeutung von »ganz zurückgeben«. Also innerlich ganz zurückgeben, wenn ein Wort, eine Handlung mich verletzt hat.
Nicht lange beleidigt herumlaufen und den Wort-Pfeil, die Wunde bejammern. Den Pfeil herausziehen und zurückgeben!
Das heißt: vergeben!
Es ist in unserem eigenen Interesse!

MutWort
Ich gebe alles Negative liebevoll zurück.

Segen für den Tag
Möge ich geistesgegenwärtig leben
kein Ärgernis von außen annehmen
sondern es zu Boden fallen lassen
Möge ich in mir und dir ruhen
behütet und gesegnet diesen Tag

Segne die Eine, du meine Lebenskraft! Vergiss nicht, was sie alles vollbracht hat: Die dir alle deine Schuld vergibt, alle deine Krankheiten heilt … (Ps 103,2–3)

VERGEBEN

Am Abend

Anrufung
Alles Gute danke ich dir, Große Weisheit
Alles Verletzende gebe ich ab
Leicht und frei
so bin ich vor dir

Stille

Gedanken zum Lebenswort
Warum fällt es uns so schwer, die Wortpfeile anderer, die kleinen Hiebe, die gedankenlosen Handlungen zurückzugeben, das heißt zu ver-geben? In den seltensten Fällen können wir ja auf eine Entschuldigung hoffen, die uns das Vergeben leichter macht. Es scheint vielmehr einen inneren Klebstoff zu geben, der all dies an uns haften und uns darauf reagieren lässt: Obwohl wir merken, wie uns das unfrei macht und abhängig von den Launen anderer!
Je mehr wir also lernen, unsere Verletzungen anzuschauen und loszulassen, umso weniger haften weitere Ärgernisse und Attacken an uns. Es beginnt sich um uns ein innerer Raum zu bilden, zu dem diese niederen Energien keinen Zutritt mehr haben.

FürDenken
Ich denke an die Menschen,
* die von anderen gedemütigt werden und sich nicht wehren können,
* die anderen nicht vergeben können und sich dadurch Fesseln anlegen,
und bitte, dass sie in ihre Kraft kommen und zurückgeben, was nicht in ihr Leben gehört. Und auch für mich bitte ich, dass ich frei und kraftvoll gerne vergebe!

Segne die Eine, du meine Lebenskraft! Vergiss nicht, was sie alles vollbracht hat: Die dir alle deine Schuld vergibt, alle deine Krankheiten heilt … (Ps 103,2–3)

VERGEBEN

Am Abend

Mutterunser
Ewige
die du scheinbar schweigst zu meinen Bitten
Gerechte
die du heimsuchst und zurückfallen lässt unsere Sünden auf uns selbst
Segne unsere Mühen, trotzdem etwas zu ändern
uns zu ändern
Vervielfache unsere Anstrengungen
wenn wir versuchen, den Kurs unserer Politik neu zu bestimmen
damit versöhntes Zusammenleben der Völker möglich wird
Es ist doch dein Wille
Es ist doch deine Kraft in diesem Bemühen!

Stille

Segen zur Nacht
Ich gebe zurück
was an Ärger und Verwirrung durch andere in mir ist
Es ist genug, dass ich mein eigenes Schicksal lebe
Kläre mich, bitte ich
Behüte und segne meinen eigenen Raum

Segne die Eine, du meine Lebenskraft! Vergiss nicht, was sie
alles vollbracht hat: Die dir alle deine Schuld vergibt, alle deine
Krankheiten heilt ... (Ps 103,2–3)

GLÜCKEN

Am Morgen

Anrufung
Da bin ich vor dir
Und da ist meine Bitte vor dir
Lass diesen Tag mir
leichthin gelingen –
glücken eben!

Stille

Lesung
Ich liebe die Welt, die Sonne, die Erde, die Blumen, die Vergnügungen, die Jugend, die Schönheit; ich habe Durst nach Glück!
Malwida von Meysenbug (1816–1903)

Jesus sprach: Glücklich seid ihr Armen, denn die Herrschaft Gottes ist auf eurer Seite! (Lk 6,20)

GLÜCKEN

Am Morgen

Übung
In einem der Harry-Potter-Bücher gibt es die Stelle, wo Harrys Freund Ron glaubt, vom Glückstrank »Felix Felicis« getrunken zu haben. Und alles gelingt ihm, weil er daran glaubt, dass er von diesem Glückstrank gestärkt und durchdrungen ist! Es war zwar ein Irrtum, er hat gar nicht davon getrunken, aber er hat das Vertrauen, dass ihm alles glücken muss, in sich aufgenommen. Und es ist ihm alles geglückt. So hängt das Glücken vom Selbstvertrauen ab.
Heute stelle ich mir vor, von diesem Glückstrank getrunken zu haben. Alles gelingt mir. Intuitiv weiß ich, was ich tun soll, treffe die richtigen Entscheidungen, handle »aus dem Bauch heraus« richtig. Ich bin übervoll von Selbstvertrauen. Ich weiß: ich habe von einem Glückstrank getrunken!

MutWort
Heute glückt mir alles!

Segen für den Tag
Möge dieser Tag mir glücken
mir und allen anderen
Möge gelingen, was ich mir vornehme
Mögen die Worte und Taten
gefüllt mit Segen ausgehen
und im Segen heimkehren

Jesus sprach: Glücklich seid ihr Armen, denn die Herrschaft Gottes ist auf eurer Seite! (Lk 6,20)

GLÜCKEN

Am Abend

Anrufung
Das ist mein Glück
dass ich dich habe und mich zu dir flüchten kann
dass ich dir bringen kann, was nicht geglückt ist an diesem Tag
Dir bringe ich alles Unfertige, Halbe, Liegengelassene
Dir bringe ich mich

Stille

Gedanken zum Lebenswort
Alles in dieser Schöpfung bringt mir das Göttliche nahe. Das Schöne
und Staunenswerte, aber auch das Leidvolle und Schreckliche.
Gott nahe zu sein ist kein Ergebnis von Abgeschiedenheit, sondern
von echter Berührung durch die Wirklichkeit. Wenn ich nicht einge-
sponnen bin in meine Gedanken, wenn ich nicht selbstsüchtig um
mich kreise, sondern offen bin für alles, was mir begegnet, kann ich
Gott nahe sein. Diese echte Berührung mit dem Wirklichen macht
glücklich. Das kann ein Erlebnis in der Natur sein, das kann vor einem
Kunstwerk geschehen, in einem Gespräch, in dem ich die Wahrheit
meines Gegenübers spüre. Im Mitgefühl, im Durchlässigwerden für
diese wunderbare, verrückte Welt bin ich Gott nahe. Und manchmal
auch glücklich.

FürDenken
Heute denke ich an die Menschen,
* die nicht auf der Sonnenseite des Lebens geboren sind,
* die Unglück und Krankheit anziehen wie ein Magnet,
* die die Last vergangener Generationen tragen.
Und bitte, dass ihnen Menschen begegnen, die sie ermutigen und
Wege aufzeigen, wie sie fremde Last abgeben können.

Jesus sprach: Glücklich seid ihr Armen, denn die Herrschaft
Gottes ist auf eurer Seite! (Lk 6,20)

GLÜCKEN

Am Abend

Mutterunser
Du Meisterin des Universums
die du spielst mit den Farbnebeln der Galaxien
Die du zärtlich
die Geburt der neuen Sterne erwartest
dich in den Schwarzen Löchern
geheimnisvoll verbirgst
Was ist mit dem Universum – auch meines Lebens
und dem der Menschheit im Ganzen?
Gib mir Vertrauen
dass auch dafür ein Ziel ist, eine Richtung, ein Sinn, ein Wohin
all unseres Werdens
Lass uns glücken, was wir sein sollen
nach deinem Willen

Stille

Segen für die Nacht
Ist mir alles geglückt an diesem Tag?
Ich weiß es nicht – das Gute nehme ich so leichthin an
Das Schwere, das Ungeglückte, das Un-glück
meines und das der anderen lege ich vor dich
Für mich und alle anderen bitte ich
Behüte uns in dieser Nacht
Zum Glück bist du mir nahe!

Jesus sprach: Glücklich seid ihr Armen, denn die Herrschaft
Gottes ist auf eurer Seite! (Lk 6,20)

SÄEN – WACHSEN

Am Morgen

Anrufung
Hingegeben an dich
und an das Leben
Mein hungriges, ängstliches Herz
wird gefüllt
mit deiner Gegenwart

Stille

Lesung
Mein Wunsch für dich ist: Deine Gaben sollen wachsen mit den Jahren.
Gott hat sie dir geschenkt, und sie sollen die Herzen derer, die du liebst, mit Freude erfüllen.
Und in jeder Stunde der Freude und des Leides wird Gott mit dir sein, dich segnen.
Und du mögest in seiner Nähe bleiben.
Aus Irland

... wachsen wir in allem auf ihn hin, der das Haupt und der Anfang ist, Christus. (Eph 4,15)

SÄEN – WACHSEN

Am Morgen

Übung
Setz dich gut hin und schließ die Augen.
Und stell dir vor, du bist eine Rebe – an einem alten Weinstock.
Dein kleines Leben ist verbunden mit einem mächtigen alten Leben.
Zartes Grün sprießt hervor aus einem knorrigen Wurzelwerk.
Und du spürst die Lebenskraft, die von unten nach oben steigt.
Mit jedem Ein-Atem ziehst du diese Lebenskraft in dich hinein.
Mit jedem Aus-Atem gibst du Belastendes nach unten ab.
Verbinde dich durch deinen Atem immer mehr mit diesem Weinstock,
der dich trägt und dich lebendig erhält.
Spüre die Lebenskraft, die wie ein Strom durch dich fließt.
Öffne dich ganz dieser Lebenskraft, die dich erfüllt und dich wachsen
lässt.

MutWort
Ich wachse zu meiner wahren Größe!

Segen für den Tag
Möge alles
was mir heute begegnet
Gutes wie Übles
mich ermutigen
zu meiner wahren Größe
zu wachsen

... wachsen wir in allem auf ihn hin, der das Haupt und der
Anfang ist, Christus. (Eph 4,15)

SÄEN – WACHSEN

Am Abend

Anrufung
Klein gemacht von der Last des Alltags
von dem Kleingeist derer, die so viel zu melden haben
den Schlagzeilen, die mir Angst machen
Müde und etwas verzagt also
kehre ich heim zu dir
Meine Stärke, mein Licht
mein Garten, in dem ich wachsen kann

Gedanken zum Lebenswort
Es ist gar nicht so einfach, zur eigenen Stärke zu stehen.
Gerade einer Frau wird dann oft gesagt, sie sei »männlich« ...
Viele Sätze hindern Frauen, ihre Größe und Stärke zu leben.
»Sei nicht so stolz wie die Rose ...« – in wie vielen Poesiealben steht
das? Aber genau das ist wichtig:
Nicht mehr, aber auch nicht weniger zu sein, als ich bin.
Geeint und gesammelt, stolz und dankbar zu sein für das, was durch
mich in diese Welt gekommen ist.

FürDenken
Europaweit haben sich Frauen vernetzt, die in Nichtregierungsorgani-
sationen oder als Wissenschaftlerinnen zu »Gender und Entwicklung«
arbeiten. Ihr Netzwerk heißt »Women in Development Europe –
WIDE«. Sie veranstalten Diskussionsforen und Weiterbildungen und
möchten dadurch die öffentliche Debatte zu diesen Themen anregen.
Ihre Broschüre »We care« gibt Antworten auf die Pflegekrise.
Ich bitte um Segen für diese Frauen!

... wachsen wir in allem auf ihn hin, der das Haupt und der
Anfang ist, Christus. (Eph 4,15)

SÄEN – WACHSEN

Am Abend

Mutterunser
ChristusSophia
die du achtgibst auf den Weg derer
die gerecht handeln
und wie Spreu verwehst die Machtgierigen
deine Herrschaft breche an – jetzt
Dein Wille geschehe – endlich
wie im Himmel – so auch bei uns auf der Erde
Dir gehört allein
alle Herrschaft, alle Kraft, alle Herrlichkeit
immer und immer!

Stille

Segen zur Nacht
Jetzt
an diesem Abend
in dieser Nacht
darf ich klein sein
Kind werden
mich ausstrecken und tragen lassen
Behüte mich
Segne mich

... wachsen wir in allem auf ihn hin, der das Haupt und der Anfang ist, Christus. (Eph 4,15)

BLÜHEN

Am Morgen

Anrufung
Du
Noch verschlafen
reibe ich mir die Augen meines Herzens
und warte
dass ich dein Licht spüre
Sonne meines Lebens
Lass mich auf dich hin wachsen, bitte ich
wie die Blumen
die das Licht und die Wärme spüren
und behutsam ihre Knospen öffnen
So fasse auch ich Mut
und fange an, mich zu entfalten und
zu blühen

Stille

Lesung
Die Schönheit der Welt ist das zarte Lächeln Gottes für uns durch die
Materie hindurch.
Simone Weil (1909–1943)

Wüste und dürres Gebiet sollen sich freuen! Das öde Land möge
jauchzen und blühen mit Narzissen! (Jes 35,1)

BLÜHEN

Am Morgen

Übung/Meditation
Ich sitze im Schweigen –
und schaue auf mein »Lebens-Land«.
Wo ist ein Bereich, der sich ausgetrocknet und dürr anfühlt?
Wo ich nicht weiterweiß, wo alle meine Bemühungen zu Ende sind?
Jetzt stelle ich mir vor, dass göttlicher Regen auf diese Stelle fällt.
Ich mache nichts. Ich schaue zu.
Erst wenn ich das Gefühl habe, dass alles getränkt und mit Regen
vollgesogen ist, stelle ich die Frage:
Was braucht es, damit sich diese Stelle konkret in meinem Leben ver-
ändert?
Dass dort etwas wächst, ja sogar blühen kann?

MutWort
Ich zeige meine Blüte!

Segen für den Tag
Unerschöpflichen Lichtes
große Sonne
Licht vom Licht
Licht aus Gott
Du wärmst meine Seele
erleuchtest mein Leben
Lass aufsteigen in mir
die Freude am
Blühen

Wüste und dürres Gebiet sollen sich freuen! Das öde Land möge
jauchzen und blühen mit Narzissen! (Jes 35,1)

BLÜHEN

Am Abend

Anrufung
Da bin ich wieder
Licht des Lebens
müde und still
Blühen ist anstrengend –
all die Farben, der Duft, die Sonne, die anderen
Jetzt kehre ich ein bei dir
meiner Inneren Sonne
schließe meine Blütenblätter
und wage es, unscheinbar zu werden
vor dir

Gedanken zum Lebenswort
Es ist gut, im Rhythmus der Schöpfung zu leben:
aufblühen, sich zeigen, die Kreativität des Lebens äußern.
Und dann auch wieder: sich zurückziehen, einziehen.
So atmet die Schöpfung.

FürDenken
Heute denke ich an die, denen es das Leben verhagelt hat,
ihre Wünsche und Träume und Visionen;
deren Projekte ins Leere laufen,
die von anderen gemobbt und ausgebootet werden.
• Lass sie Trost finden.
• Lass sie behutsam zur Quelle ihrer Kraft zurückfinden.
• Lass sie Menschen finden, die sie begleiten und ermutigen.

Wüste und dürres Gebiet sollen sich freuen! Das öde Land möge
jauchzen und blühen mit Narzissen! (Jes 35,1)

BLÜHEN

Am Abend

Mutterunser
Du unsere MutterVater
im Himmel und auf Erden
Dein Name blühe unter uns
Deine sanfte Herrschaft
bringe zum Blühen
was vertrocknet ist
was braun und dürr und unbrauchbar scheint
Dein guter Plan werde immer deutlicher sichtbar
in unserem Leben
Amen

Stille

Segen zur Nacht
Die Sonne ist schon längst untergegangen
Wie die Blüten der Blumen faltet sich auch meine Seele ein
Kehrt zu sich ein
und zu dir
Segne meinen Lebensblütenkelch, bitte ich
Segne und behüte mich in dieser Nacht

Wüste und dürres Gebiet sollen sich freuen! Das öde Land möge
jauchzen und blühen mit Narzissen! (Jes 35,1)

KLINGEN – TÖNEN

Am Morgen

Anrufung
O du geheimnisvoller Klang
Herz-Ton
auf den die ganze Schöpfung gestimmt ist
Silberne Klangfäden
die sich zu Sternen und Planeten formen
Wohlklang
in deiner Schöpfung
freudiges Staunen
Du
göttliche Weisheit
Lass uns klingen
heute
in der Symphonie unserer
Sternen-Geschwister

Stille

Lesung
Gott spricht zur Seele:
Du bist ein Licht vor meinen Augen,
Du bist eine Harfe meinen Ohren,
Du bist ein Klang meiner Worte.
Mechthild von Magdeburg (1207–1282)

Wenn ich wie ein Mensch rede oder wie ein Engel und bin ohne
Liebe, bin ich ein schepperndes Blech und eine gellende Zimbel.
(1 Kor 13,1)

KLINGEN – TÖNEN

Am Morgen

Übung
Ich summe einen Ton vor mich hin. Noch keine Melodie,
überhaupt nichts Bekanntes, nur den Ton, der sich gerade einstellt.
Ich höre mir zu. Was fühle ich dabei?
Ich verändere den Ton, gehe nach oben, nach unten.
Was bewirkt das?
Ich töne drauflos, ruhig kreuz und quer.
Am meisten Spaß macht das, wenn mehrere zusammen tönen!
Es ist sehr kraftvoll und verbindet uns untereinander.

MutWort
Ich bin ein Wohlklang für die Welt!

Segen für den Tag
Du
für heute
schenke mir
bitte ich
den Herzton deiner Liebe!

Wenn ich wie ein Mensch rede oder wie ein Engel und bin ohne
Liebe, bin ich ein schepperndes Blech und eine gellende Zimbel.
(1 Kor 13,1)

KLINGEN – TÖNEN

Am Abend

Anrufung
Beladen komme ich zu dir
ChristusSophia!
So viele Missklänge zwischen denen
die ich liebe und mir
Vor deine Füße werfe ich diese Steine
die meine Seelen-Klangschale scheppern machen
Ich bin ratlos
Aber dennoch: vor dir

Gedanken zum Lebenswort
Alle schönen Worte über die Liebe helfen nichts, wenn sich unser Wesen nicht wandelt. Es will von innen her immer mehr auf den Herzton der Liebe gestimmt werden, der durch das Universum klingt. Danach zu streben, unsern Klang beizusteuern zur Großen Symphonie, ist das Ziel unseres Lebens hier auf der Erde.

FürDenken
Heute denke ich an die Menschen
• die komponieren und texten und dichten,
• die Lieder singen und andere dazu inspirieren,
• die im Einklang mit sich und der göttlichen Liebe leben …
Ich danke für sie!
Und ich denke an die Menschen
• die sich zu viel von den Lasten anderer aufladen,
• die meinen, etwas anderes sein zu müssen, als sie sind,
• die sich an der Freude anderer nicht mitfreuen können.
Ich bitte: Erbarme dich!

Wenn ich wie ein Mensch rede oder wie ein Engel und bin ohne Liebe, bin ich ein scheppperndes Blech und eine gellende Zimbel. (1 Kor 13,1)

KLINGEN – TÖNEN

Am Abend

Mutterunser
Ewige
In allem, was ist
klingt dein Name
Wohlklang der Schöpfung
Ja, dein Name werde geheiligt
breite sich aus
entfalte sich
Dein Name
werde geheiligt
auch
in meinem Leben

Stille

Segen zur Nacht
In mir klingt dein Lied
Der Wohlklang deiner Liebe
klärt mein Herz
Stimme mich ein
auf deine Frequenz
auf dich
damit ich dich höre
im Schlaf

Wenn ich wie ein Mensch rede oder wie ein Engel und bin ohne
Liebe, bin ich ein schepperndes Blech und eine gellende Zimbel.
(1 Kor 13,1)

LIEBEN

Am Morgen

Anrufung
Gieße dich aus
Große Liebe
ach, auch in mein Herz
damit der Garten
meines Lebens
dir blüht

Stille

Lesung
Antwort eines syrischen Kindes auf die Frage der Lehrerin, was es unter »lieben« versteht:
Wenn dich jemand liebt, spürst du das, weil er deinen Namen anders ausspricht als alle übrigen Menschen. Du spürst, dass dein Name geborgen und sicher in seinem Mund ist.

Die Liebe ist von Gott. Alle, die lieben, sind von Gott geboren und kennen Gott. (1 Joh 4,7)

LIEBEN

Am Morgen

Übung
Wir stellen uns vor, dass wir einen lieben Menschen sehen.
Das Herz geht uns auf. Es wird uns warm ums Herz.
Wir beginnen zu leuchten, zu strahlen!
Wie in einem Spiegel nehmen wir wahr, wie wir strahlen.

Dann stellen wir uns vor, wie wir der unangenehmsten Person begegnen, die wir kennen.
Alles in uns zieht sich zusammen, wird finster und dunkel.
Wir nehmen auch das für einen Augenblick wahr.

Und dann entschließen wir uns, erneut auf die hohe Schwingungsebene der Liebe zu gehen – ohne dass von außen ein Anreiz dazu da ist. Wir entschließen uns, uns von nichts und niemandem mehr davon abbringen zu lassen.

MutWort
Ich wage es zu lieben – von mir aus!

Segen für den Tag
Möge meine Sehnsucht nach Liebe gesegnet sein!
Möge mein Wunsch, von mir aus lieben zu können,
tausendfach gesegnet sein!

Die Liebe ist von Gott. Alle, die lieben, sind von Gott geboren und kennen Gott. (1 Joh 4,7)

LIEBEN

Am Abend

Anrufung
Die du Liebe bist, ChristusSophia
reinste, unfassliche, unerschöpfliche, bedingungslose Liebe
heller und strahlender leuchtend als die Sterne
erleuchte auch mich
jetzt in dieser Nacht!

Gedanken zum Lebenswort
Wenn wir in einen Raum kommen, in dem Menschen liebevoll miteinander umgehen, dann spüren wir das. Wir spüren diese lichte und
leichte Schwingung, die charakteristisch ist für liebevolles Leben. Es
scheint ein geheimes Licht irgendwo zu leuchten, ohne dass wir eine
genaue Quelle angeben könnten. Liebe ist die höchste Frequenz im
Universum, die wir spüren können. Sie ist göttlich.
Hass und Gewalt dagegen sind niedrige Schwingungen. Sie fühlen sich
kalt und dumpf an.
Es ist unsere Entscheidung, welcher Schwingung wir in unserem Leben
Raum geben wollen.

FürDenken
Heute denke ich an die Kinder, die zu wenig Liebe bekommen von
ihren Eltern. Um die sich niemand kümmert. Die nur versorgt, aber
nicht gesehen werden. Ich segne sie und bitte:
- Lass sie etwas von deiner grenzenlosen Liebe erfahren durch wen
  auch immer.
- Lass sie nachholen können, was an ihnen versäumt wurde.
- Lass sie in der Wärme deiner Liebe nachreifen können, wo es kalt
  und dunkel in ihrem Leben war.

Die Liebe ist von Gott. Alle, die lieben, sind von Gott geboren und
kennen Gott. (1 Joh 4,7)

LIEBEN

Am Abend

Mutterunser
Mutter unser, Grund alles Lebens
dir wende ich mich zu
dein Name schwingt in mir
und in allem, was ist
Dein Name werde geheiligt
in allem Reden und Denken
in unserm Wollen und Streben
in der göttlichen Dimension
so auch hier bei uns auf der Erde
Schenke uns die Gnade
uns ganz auf dich einzustimmen
bis wir dich schauen
von Angesicht zu Angesicht
im Licht der völligen Liebe!
Amen

Stille

Segen zur Nacht
Eingewickelt in den Mantel deiner Liebe
schlafe ich im Frieden
Liebe sei um mich
Liebe ströme durch mich
Liebe sei bei allen, die ich liebe
Amen

Die Liebe ist von Gott. Alle, die lieben, sind von Gott geboren und kennen Gott. (1 Joh 4,7)

RIECHEN

Am Morgen

Anrufung
Noch ganz ohne ein
Hören, Schmecken, Sehen, Riechen
noch ganz schlaftrunken
noch etwas taumelig
so bin ich vor dir
Wecke mich!
Wecke meine Sinne
für diesen Tag

Stille

Lesung
Gott, du bist wie ein ewig grünender, duftender Blütenbaum, der ein
Abbild ewiger Schönheit ist.
Gertrud die Große (1256–1301)

Gott spricht durch den Propheten: »Ich hasse, ich verachte eure
Feste! Eure Versammlungen kann ich nicht riechen.« (Am 5,21)

RIECHEN

Am Morgen

Übung
Heute will ich mich aufs Riechen verlegen,
will mir Zeit nehmen zu schnuppern –
an einer Blume,
an einem blühenden Strauch.
Will mich vom Duft eines Parfüms im Vorübergehen
anwehen lassen …
Riechen will ich aber auch mit meinem Herzenssinn –
den Duft von Liebe,
den süßen Duft des Friedens
im Gespräch mit einer guten Freundin.
Aber auch das Gegenteil nehme ich wahr:
Wen mag ich nicht riechen, wen mag ich nicht?
Wer stößt mich ab und warum?

MutWort
Ich rieche die Welt.

Segen für den Tag
Lass meine Gedanken
meine Handlungen und Worte
an diesem Tag
ein Wohlgeruch sein für dich
und andere!
Segne diesen Tag

Gott spricht durch den Propheten: »Ich hasse, ich verachte eure
Feste! Eure Versammlungen kann ich nicht riechen.« (Am 5,21)

RIECHEN

Am Abend

Anrufung
Nicht im Weihrauch unserer Gottesdienste
Nicht im abgestandenen Geruch geschlossener Kirchen
Nein – in deiner ganzen Schöpfung
rieche ich deinen Duft
der mich erinnert
an dich

Gedanken zum Lebenswort
Unsere Versammlungen, unsere Gottesdienste und Andachten – die weihrauchgeschwängerten wie die nüchternen, aber wort-überfüllten – die göttliche Weisheit mag sie nicht mehr riechen und hören. Zu viel Um-sich-selber-Drehen?
Sich aber der Armen erbarmen, auf die ungewaschenen Kleider nicht achten, die schmutzigen Finger, die ungekämmten Haare. Aber ihnen zuhören, Nahrung und Wohnung geben – das sind wohlriechende Gottesdienste.
Meint zumindest der Prophet Amos.

FürDenken
Heute denke ich
* an die Menschen, die ich nicht ausstehen, nicht »riechen« kann,
* an die obdachlosen Menschen, die keine Gelegenheit haben, sich zu waschen, und dafür von vielen gemieden werden.
Erbarme dich über meine Engherzigkeit.
Lass mich über meinen Riech-Schatten springen.

Gott spricht durch den Propheten: »Ich hasse, ich verachte eure Feste! Eure Versammlungen kann ich nicht riechen.« (Am 5,21)

RIECHEN

Am Abend

Mutterunser
Du unsere MutterVater
Wir rufen dich an in vielerlei Sprachen
mit unterschiedlichen Gebärden
in sehr verschiedenen Religionen
Unsere Worte, unsere Symbole und Rituale
steigen auf
wie der Duft der Opfergaben von Weihrauch und Myrrhe
Dein Reich ist groß und umfasst alles
Lass unsere Worte, Symbole, Rituale nicht nur billige Parfüms sein
die den Gestank unserer Seelen verbergen
sondern mach uns selbst zu einem Wohlgeruch
in deinem Reich

Stille

Segen zur Nacht
Wenn ich mich jetzt schlafen lege
müde und abgeschafft –
viel zu spät ist es geworden
um morgen ausgeruht zu sein –
so bitte ich
dass deine Liebe mich einhülle
wie der Geruch von Erde und Blumen
in dieser Nacht

Gott spricht durch den Propheten: »Ich hasse, ich verachte eure Feste! Eure Versammlungen kann ich nicht riechen.« (Am 5,21)

ESSEN – SCHMECKEN – KOSTEN

Am Morgen

Anrufung
Gott, du Bäckerin
die du das Leben knetest
die du die Schöpfung in Form bringst
Genießbares und Vielfältiges hervorbringst
Lass mich kosten
die Innenseite meines Lebens
und immer mehr
auf den Geschmack des Lebens kommen

Stille

Lesung
Dies Gebet hat große Kraft, das ein Mensch leistet mit aller seiner
Macht. ... Es ziehet hernieder den großen Gott in ein klein Herze; es
treibet die hungrige Seele hinauf zu dem vollen Gotte.
Mechthild von Magdeburg (1207–1282)

Jesus sagte zu ihnen: Ich bin das Brot des Lebens, alle, die zu mir
kommen, werden nie mehr hungrig sein ... (Joh 6,35)

ESSEN – SCHMECKEN – KOSTEN

Am Morgen

Übung
Heute will ich besonders langsam, genussvoll und achtsam essen und trinken! Ich will die Süße der Schöpfung, die unterschiedlichen Geschmacksvarianten, die Mühe der Arbeit von Menschen kosten ...
Was ist »kost-bar« in meinem Leben?

MutWort
Ich bin kostbar!

Segen für den Tag
Möge deine Gegenwart mich nähren
Möge ich für andere
Brot des Lebens backen
Brot des Lebens sein

Jesus sagte zu ihnen: Ich bin das Brot des Lebens, alle, die zu mir kommen, werden nie mehr hungrig sein ... (Joh 6,35)

ESSEN – SCHMECKEN – KOSTEN

Am Abend

Anrufung
Du Große Weisheit
Köchin des Lebens
Gastwirtin in deiner Schöpfung
Dir wende ich mich zu

Gedanken zum Lebenswort
Manche Worte sind wie Brot –
sie helfen auf, stärken uns.
Manche Menschen sind wie Brot –
in ihrer Nähe halten wir uns gern auf, sie nähren uns,
weil sie Liebe ausstrahlen, Wärme, Zuwendung, Respekt.
Manche Menschen sind wie Brot.
Jesus war so ein Brot-Mensch.
Lasst uns jeden Tag ein wenig mehr so werden,
nährend und kost-bar.

FürDenken
Heute denke ich an die Millionen von Menschen, die nicht genug zu
essen haben für sich, für ihre Kinder, denen der Hunger alle Kräfte
nimmt und den Verstand vernebelt.
Heute denke ich an die Millionen von Menschen, die zu viel essen
und nicht wissen, wie sie damit aufhören können in ihrer Suche nach
Leben.
Heute denke ich an unsere Mutter Erde – Heimat und Nährmutter für
alle.
Ach Gott, erbarme dich!

Jesus sagte zu ihnen: Ich bin das Brot des Lebens, alle, die zu mir
kommen, werden nie mehr hungrig sein ... (Joh 6,35)

ESSEN – SCHMECKEN – KOSTEN

Am Abend

Mutterunser
Du unsere Mutter, du unser Vater
Dein Name hält Himmel und Erde zusammen
Wir bitten, dass dein Reich komme – Friede und Gerechtigkeit
Verbundenheit und Vertrauen sich bei uns einwohnen
Dein Wille geschehe endlich
wie im Himmel so auf Erden
Unser tägliches Brot gib uns heute gemeinsam,
so dass die Kluft zwischen satt und hungrig aufhört
und wir gemeinsam danken können
Vergib uns, wo wir gefehlt haben
weil wir verstrickt waren in eigensüchtiges Handeln
so wie auch wir bereit sind zurückzugeben
wo andre uns mit ihren Lasten und Fehlern beschwert haben
Und führe uns nicht in Versuchung
sondern löse die Verstrickungen, die uns am Leben hindern
Denn in dir ist alles, was ist
Dein ist die Kraft und die Herrlichkeit in Ewigkeit

Stille

Segen zur Nacht
Einen Segen so kräftig
wie ein Stück Schwarzbrot für Hungrige
erbitte ich für diese Nacht!
Mögen meine Träume mich nähren
Möge Segen mich sättigen!

Jesus sagte zu ihnen: Ich bin das Brot des Lebens, alle, die zu mir
kommen, werden nie mehr hungrig sein … (Joh 6,35)

HEILEN – KRANK SEIN

Am Morgen

Anrufung
Ich sehe auf dich
sehe die Ströme lichtvoller, heilender Kraft
die von dir ausgehen
Ja, du bist mein Licht
auf dich warte ich
Mehr als eine Wächterin auf den Morgen
so warte ich auf dich
denn ich bin krank
Lass mich gesund werden, bitte ich
Lass mich im Lichtraum
deiner Liebe
gesund werden

Stille

Lesung
Ein Gebet angesichts von Gewalterfahrungen:
Geist der Fürsorge, Geist des Mitleids,
nimm unsere Tränen, berühre unseren Schmerz,
heile unsere Wunden, gib unserem Zorn eine Richtung.
Geist der Fürsorge, Geist der Gerechtigkeit,
lass uns die Ketten der menschlichen Sünde sprengen.
Aus dem Schlussgottesdienst zur Ökumenischen Dekade in Harare, Simbabwe, 1998

Segne die Eine, du meine Lebenskraft! Vergiss nicht, was sie
alles vollbracht hat: Die dir alle deine Schuld vergibt, alle deine
Krankheiten heilt … (Ps 103,2-3)

HEILEN – KRANK SEIN

Am Morgen

Übung
Ich sitze gut, verwurzle mich in der Erde, bin mit dem Himmel verbunden und aufgerichtet.
Mein Herzraum öffnet sich.
Ich nehme wahr, wie das Licht der bedingungslosen göttlichen Liebe auf mich fällt.
Und dahinter spüre ich einen liebevollen Blick, der mich ansieht.
Wage ich es überhaupt, mich diesem Blick zu zeigen?
So viele Flecken, Risse, Löcher, die plötzlich in meinem Seelengewand sichtbar werden!
Ich merke, wie ich mich verstecken möchte.
Und doch – dieser Blick heilt mich von innen, wärmt und erneuert.
So wage ich es, mich immer mehr und vollständiger zu zeigen.
Ich halte still – diesem Blick voller Liebe.
Heilwerden geschieht.
Es ist gut!

MutWort
Ich bin heil!

Segen für den Tag
Möge dieser Tag gesegnet sein
in allen Schmerzen
in allem Nichtkönnen
in aller Schwäche
Die Liebe quillt durch alles hindurch!
Dein Segen bricht sich Bahn!

Segne die Eine, du meine Lebenskraft! Vergiss nicht, was sie alles vollbracht hat: Die dir alle deine Schuld vergibt, alle deine Krankheiten heilt ... (Ps 103,2–3)

HEILEN – KRANK SEIN

Am Abend

Anrufung
Die du alles Zerrissene siehst
das geknickte Rohr nicht zertrittst
und den glimmenden Docht nicht auslöschst
ChristusSophia
erbarme dich
Heile mich und uns!

Gedanken zum Lebenswort
So viel Krankes, Kaputtes, Zerrissenes in dieser Welt, in meinem Leben
… Es immer wieder dorthin tragen, wo es geheilt werden kann … Es
hinlegen, hinseufzen, abladen …
Und dann tun, was der Heilung dient!

FürDenken
An diesem Abend breite ich die Landkarte der Leiden vor dir aus –
Große Liebe – Erbarme dich!
Die Leiden der Tiere in ihren qualvollen Gefängnissen, ihr unwürdiges
Sterben –
Große Liebe – Erbarme dich!
Die Leiden der Menschen, die flüchten, und die Leiden derer, die zur
Flucht beitragen – ein zerstückelter Teppich unserer Selbstsucht,
dunkle Flecken von Angst –
Große Liebe – Erbarme dich!
Die Leiden unserer Erde, die wir ihr und uns zufügen –
Große Liebe – Erbarme dich!

Segne die Eine, du meine Lebenskraft! Vergiss nicht, was sie
alles vollbracht hat: Die dir alle deine Schuld vergibt, alle deine
Krankheiten heilt … (Ps 103,2–3)

HEILEN – KRANK SEIN

Am Abend

Mutterunser
Du unser aller Erbarmen
mütterlich-väterlich-tröstlich
Dein Name werde geheiligt
In deinem Namen werden wir heil
klingen wir neu
werden wir gestimmt auf den Ton
der in uns lebt und wartet, zu klingen, zu tönen
Wir aber sind so oft wie eine Klangschale
beschwert mit Steinen
mit Geröll und Schutt
Mache uns Mut abzuladen
was uns hindert zu klingen
Im Klangraum
deines Namens
werden wir heil!

Stille

Segen zur Nacht
Gesegnet schlafe ich ein
beschirmt
behütet
bemützt
von Segen
Nichts soll mich stören
Nichts mich beschweren
Ich schlafe im Segen

Segne die Eine, du meine Lebenskraft! Vergiss nicht, was sie
alles vollbracht hat: Die dir alle deine Schuld vergibt, alle deine
Krankheiten heilt … (Ps 103,2–3)

FEIERN

Am Morgen

Anrufung
Da bin ich vor dir
heute Morgen
mein Gott
So müde bin ich
keine Lust auf irgendetwas
abgestumpft und lustlos
So bin ich da
heute Morgen
Stimme mich ein in das
Fest des Lebens
das du bist
das du schenkst
wie immer du das machst
Einen Schuss Lebensfreude also, bitte
wie immer du das machst

Stille

Lesung
Wer nicht in der Welt wie in einem Tempel umhergeht, der wird in ihr
keinen finden.
Rahel Varnhagen (1771–1833)

Ich ... führte sie an im Gedränge zum Haus Gottes, bei
Jubelgeschrei und Lobgesang, im Lärm der feiernden Pilgerschar. (Ps 42,5)

FEIERN

Am Morgen

Übung
Keine Feierlaune?
Ich spüre in mich hinein: Ist das ein berechtigtes Gefühl nach Ruhe und Alleinsein? Dann gebe ich dem nach und ziehe mich zurück.
Wenn es aber eine Traurigkeit ist, die mich runterzieht, mir nicht guttut? Dann will ich gegensteuern und eine Gelegenheit zum Feiern auftun!
Manchmal hilft es, Gäste einzuladen, die ich mag! Und schon geht das Aufräumen viel schneller. Die Gedanken sind bei den Kommenden und die Fenster im Handumdrehen geputzt, der Kuchen ist gebacken. Und wenn die Gäste da sind – alles loslassen, auch das Unfertige. Türen und Herzen auf – sie willkommen heißen und feiern.
Lachen, schmausen, sich necken, kichern. Freude und Geschichten teilen. Einen Spaziergang zusammen machen. Feiern eben.

MutWort
Heute feiere ich mein Leben!
Segen für den Tag
So viel Gutes und Schönes ist mir geschenkt, mein Gott!
Ich danke dafür und mein Herz wird weit
So viel Gutes und Schönes – das muss gefeiert werden
Das Hässliche und Böse lasse ich, soweit es geht, links liegen
Segen dem Guten und Schönen!

Ich ... führte sie an im Gedränge zum Haus Gottes, bei Jubelgeschrei und Lobgesang, im Lärm der feiernden Pilgerschar. (Ps 42,5)

FEIERN

Am Abend

Anrufung
Du aller Zeiten Anfang
du Gastwirtin meiner Seele
bei dir kehre ich ein

Gedanken zum Lebenswort
Mit anderen zum Tempel, zu einer Kirche, zu einem heiligen Platz pilgern! Gemeinschaftlich einen Festtag »begehen« und sich dabei mit dem Grund des Lebens verbinden. Das kann ein Taufgedächtnis sein, ein Ehejubiläum, ein runder und hoher Geburtstag. Vorfreude auf das Fest ist zu spüren und beflügelt uns. So viel ist noch vorzubereiten und zu tun! – Aber wenn der große Tag dann da ist, die Gäste eingetroffen sind, das Fest beginnt – dann weiten sich die Herzen, es geht hoch her, die Stimmung steigt.
So ist es mit der Nähe Gottes. Nichts Abgestandenes, Trauriges ist das, sondern sie lädt ein zu feiern. Mit der Hochzeit in Kana begann immerhin der Auftrag des Jesus von Nazaret!

FürDenken
Heute denke ich an
- die Menschen, die sich nicht freuen können und deren Herz sich verschließt, wenn sie davon hören, dass es andere gut haben,
- das Schattenkind in mir, dem es manchmal genauso geht,
- die Menschen, die besondere Anlässe feiern und darum bangen, dass es ein gutes und heiteres Fest werden möge,
- die vielen Gottesdienste, die jeden Sonntag gefeiert werden – dass sie zu Orten der Freude und des Lachens werden!

Ich ... führte sie an im Gedränge zum Haus Gottes, bei Jubelgeschrei und Lobgesang, im Lärm der feiernden Pilgerschar. (Ps 42,5)

FEIERN

Am Abend

Mutterunser
Du unsere Mutter, Geistkraft, Weisheit
In allem, was ist, feiert die Schöpfung dich!
Ohne Unterlass singt sie deinen Namen
tanzt sie deine Freude!
Lass uns einstimmen in das Fest deines Lebens
Vergib uns, wo wir uns verstricken in Neid und Missgunst
wo wir dem Leben selbst im Wege stehen
Dein Name werde geheiligt
in Freude!

Stille

Segen zur Nacht
Manchmal ist mir einfach nicht nach Feiern zumute
mein Gott
Heute war wieder mal so ein Tag
beladen, verzettelt, lustlos
Ich lasse ihn ungern los, denn ich bin nicht zufrieden
Bette mich trotzdem
bitte ich
in deinen Frieden
in deine Ruhe
in deine Nähe
Lass mich die Stimmen all derer hören
die für mich deine Schöpfung feiern

Ich ... führte sie an im Gedränge zum Haus Gottes, bei
Jubelgeschrei und Lobgesang, im Lärm der feiernden Pilgerschar. (Ps 42,5)

TANZEN

Am Morgen

Anrufung
Die du leichthin alles ordnest
im Rhythmus des Lebens
Es fließend, tanzend ineinander fügst
ohne Naht und Saum
Dir halte ich mich hin
und bitte:
Löse meine Morgenstarre
Bewege mich
Tanze mich!

Stille

Lesung
An uns ist es, uns von dir erfinden zu lassen,
um fröhliche Leute zu sein,
die ihr Leben mit dir tanzen.
Madeleine Delbrêl (1904–1964)

Da nahm Mirjam, die Prophetin und Schwester des Aaron, ihre
Pauke zur Hand. Alle Frauen folgten ihr, sie trommelten und
tanzten. (Ex 15,20)

TANZEN

Am Morgen

Übung
Am Morgen lege ich eine Musik auf, die mir taugt. Und dann bewege
ich mich danach – einfach so!
Im Zimmer, durch den Flur, in die Küche.
Ich drehe mich um mich, stampfe mit den Füßen, strecke mich.
Ich bereite das Frühstück – und tanze.
Ich räume die Spülmaschine aus – und tanze dabei, wenn ich die Glä-
ser und Teller in den Schrank räume.
Ich gieße die Blumen, bevor ich aus dem Haus gehe – und tanze.
Ich tanze – mich!
Und nehme dieses Gefühl mit in die Arbeit.

Stille

Segen für den Tag
Das Gewirr auf meinem Schreibtisch –
das Chaos in meiner Küche
Gott – lass es tanzen
Gib mir ein leichtes Herz
Segne meinen Chaos-Tanz!

Da nahm Mirjam, die Prophetin und Schwester des Aaron, ihre
Pauke zur Hand. Alle Frauen folgten ihr, sie trommelten und
tanzten. (Ex 15,20)

TANZEN

Am Abend

Anrufung
Da bin ich wieder vor dir –
was für ein Tanz war dieser Tag!
Ich fühle mich leer, gelähmt
Lass mich Atem schöpfen
und mich einholen, erholen und ausruhen
vor dir

Gedanken zum Lebenswort
Mirjam, die Schwester des Mose, feiert mit allen Frauen die Befreiung
aus der Sklaverei in Ägypten. Gemeinsam singen und tanzen sie – der
erste Frauengottesdienst, ganz am Anfang der Bibel! Und sie schlagen
dazu die Mirjam-Trommel, wie sie heute noch in arabischen Ländern
genannt wird.
Sie müssen tanzen – ihre Freude will sich ausdrücken, will gestaltet
werden, sonst zerreißt es sie.
Trauen wir uns, unsere Freude auszudrücken? Zu tanzen und zu singen, zu lachen und andere damit anzustecken?

FürDenken
Für alle Menschen bitte ich
• die starr sind, starr sind vor Angst,
• die voller Sorgen nur noch um sich selbst kreisen,
• die durch Unfall oder Krieg ihre Beine verloren haben,
• die sich nicht mehr bewegen können.
Lehre sie, zu tanzen mit einer zärtlichen Bewegung ihres Herzens.

Da nahm Mirjam, die Prophetin und Schwester des Aaron, ihre
Pauke zur Hand. Alle Frauen folgten ihr, sie trommelten und
tanzten. (Ex 15,20)

TANZEN

Am Abend

Mutterunser
Du unser Mutter/Vater/Alles
Nie werde ich müde werden
die geheimnisvollen Bewegungen dieses Universums
zu bestaunen, die Spiralnebel, die feierliche Umrundung
der Sonne, die elliptisch-kunstvollen Kreise der Planeten
Dein Wille geschieht!
Wie eine Tanztruppe ihrer Regisseurin folgt
und doch ganz eigen agiert
so lass auch uns frei sein für diesen Tanz des Lebens
in unserer Welt
dir zur Freude

Stille

Segen für die Nacht
Der Tanz des Tages ist zu Ende
Der Kreisel kommt zur Ruhe
hält einen Moment still
und fällt dann auf die Seite
So auch ich
Fang mich auf, du –
wenn ich mich fallen lasse
Und segne meine Nacht

Da nahm Mirjam, die Prophetin und Schwester des Aaron, ihre
Pauke zur Hand. Alle Frauen folgten ihr, sie trommelten und
tanzten. (Ex 15,20)

SICH FREUEN

Am Morgen

Anrufung
Du Schöpferin – Freundin
Geheimnisvolles Leuchten
in den Augen derer
die dich kennen
Freude durchzieht deine ganze Schöpfung
zart und stark zugleich
Lass sie mich sehen, spüren, hören
an diesem Tag

Stille

Lesung
Die Freude ist ein Schmetterling, der dicht über dem Boden flattert.
Edith Södergran (1892–1923)

Ja, ihr sollt mit Freude ausziehen und mit Frieden geleitet werden. (Jes 55,12)

SICH FREUEN

Am Morgen

Meditation
Einen Freudenzauber veranstalten ...
Wie das geht?
Ich nehme ein Quäntchen Zeit
verlangsame sie
mische eine gute Prise Staunen darunter
sperre Augen und Ohren auf
atme tief durch
und lasse mein Herz weit werden
Damit Freudenfunken knistern
und Kaskaden von Freudenlachen
aus mir herausspringen

MutWort
Ich freue mich über mich!

Segen für den Tag
Im Garten sitzend
höre ich das wispernde Schweigen von Sträuchern
Bäumen, Blumen
Tiere huschen
Schmetterlinge zickzacken
Freude knistert überall
Segen euch, meinen Geschwistern!
Und Segen für mich
knisternder Freude-Segen
auch für mich

Ja, ihr sollt mit Freude ausziehen und mit Frieden geleitet
werden. (Jes 55,12)

SICH FREUEN

Am Abend

Anrufung
Mit dir zu leben, mein Gott, ist Freude.
An diesem Abend suche ich deine Nähe.
Lass mich da sein bei dir!

Gedanken zum Lebenswort
Freude zu spüren ist nicht abhängig von einem Objekt, einer Situation, meiner Stimmung! Freude kommt auf, wenn wir in Resonanz sind mit dem Leben, der Schönheit, die alles durchzieht. Sie perlt auf wie Sekt im Glas unserer Seele. Sie macht leicht-sinnig im guten Sinn. Sie macht zum Lächeln und Lachen bereit.
Es gilt, jede Gelegenheit zu nutzen, um das innere Freudenfeuer zu schüren. Mit jeder kleinen Freude, die wir selbst empfangen oder anderen geben, wird dieses Feuer größer.
Jeder Tag kann deshalb zu einem Freude-Sammel-Tag werden!
Da ist so viel Gutes, das Freude bringt: das Lächeln eines Kindes, das zutrauliche Rotkehlchen, das gute Wort einer Freundin.
Und in all dem zeigt sich die Freude über das Leben und das Wunder, dass es mich gibt!

FürDenken
Ich nehme an mein Herz die Leiden
- der Frauen, die für Jahre in Justizvollzugsanstalten leben; manche mit ihren Kindern und viele getrennt von ihren Familien,
- aller, die in sich verschlossen und traurig sind,
- aller, die an Depressionen leiden und sich in einem kalten, dunklen Kerker eingeschlossen fühlen,
- aller, die sich mit Suchtmitteln Freude kaufen möchten.
Öffne ihnen allen die Tür zur inneren Freude!

Ja, ihr sollt mit Freude ausziehen und mit Frieden geleitet werden. (Jes 55,12)

SICH FREUEN

Am Abend

Mutterunser
Du großes Du
über allem und in uns allen
Zeugende und gebärende Kraft
in allem
Lass uns teilhaben am Reich deiner Freude
Stimme uns ein auf den Klang
der alles durchzieht
in deiner Schöpfung
Lass uns
deine leise Freude entdecken
wie sie zwischen den Bäumen nistet

Stille

Segen zur Nacht
Möge Freude aufperlen zur Ewigen
das ist mein Gebet
Möge ihre Freude herabregnen auf mich
nächtlicherweise
Das erbitte ich

Ja, ihr sollt mit Freude ausziehen und mit Frieden geleitet
werden. (Jes 55,12)

GANZ SEIN

Am Morgen

Anrufung
Noch bevor es so richtig losgeht an diesem Tag
halte ich einen Moment stille
kehre ein bei dir
sinke in dich ein
Tiefe Wirklichkeit
die alles trägt und durchdringt
Deine Wärme
dein Licht
deine Liebe
sauge ich in mich auf
Diesen Tag heute
lass mich mit dir leben
ganz

Stille

Lesung
Was machen Sie?
Nichts.
Ich lasse das Leben auf mich herabregnen.
Rahel Varnhagen (1771–1833)

So liebe denn Adonaj – Gott für dich – mit Herz und Verstand,
mit jedem Atemzug, mit aller Kraft. (Dtn 6,5)

GANZ SEIN

Am Morgen

Meditation
Ich sitze im Schweigen.
Ich spüre meinen Körper.
Meinen Atem lasse ich in jeden Bereich meines Körpers fließen.
In den Herzraum, in den Bauch, in die Kehle, in die Glieder, in den Kopf.
Gerade das, was wehtut, was sich fremd anfühlt in mir, wird von meinem Atem erfasst.
Alles wird belebt und erfrischt und durch meinen Atem mit Ruach, dem großen Gottesgeist, verbunden.
Ich spüre, wie ich da bin, von Kopf bis Fuß.
Ganz da!

MutWort
Von Kopf bis Fuß bin ich da – ganz!!

Segen für den Tag
Segen um und um
strahle auf dich
regne auf dich
Wo immer du auch bist
Segen sei mit dir
um und um

So liebe denn Adonaj – Gott für dich – mit Herz und Verstand, mit jedem Atemzug, mit aller Kraft. (Dtn 6,5)

GANZ SEIN

Am Abend

Anrufung
Der Alltag hat mich zerrissen, zerstückelt
Mein Kopf denkt in eine Richtung
die Hände arbeiten in eine andere
Die Füße sind müde und wollen nicht mehr
Ich bin wie eine Herde Schafe, die auseinanderläuft
So bin ich vor dir, Hüterin meiner Seele
Sammle mich ein, bitte ich
und bringe mich zur Ruhe

Gedanken zum Lebenswort
Ganzsein hat mit Zentriertsein zu tun, mit dem Spüren meiner inneren Mitte. Die Glieder meines Körpers, die Dimensionen meiner Seele und meines Geistes lassen sich nicht einfach addieren. Sie leben von einem geheimen Mittelpunkt her.
Wenn ich mit meiner Mitte verbunden bin, bin ich ganz. Die Ausrichtung auf die göttliche Weisheit und Liebe, die diese Welt im Innersten zusammenhält, zentriert auch mich.

FürDenken
Für alle,
- deren Leben sich zerstückelt anfühlt, die nicht wissen, in welche Richtung es gehen soll,
- die auf zu vielen Hochzeiten tanzen, weil sie meinen, das Leben zu verpassen,
- die mehrere Jobs miteinander verbinden müssen, um über die Runden zu kommen:

Zeige ihnen Möglichkeiten, wie sie zu einem eigenen und geeinten Wesen finden.

So liebe denn Adonaj – Gott für dich – mit Herz und Verstand, mit jedem Atemzug, mit aller Kraft. (Dtn 6,5)

GANZ SEIN

Am Abend

Mutterunser
O du gebärende Kraft des Universums
Dein Name wird immerfort geheiligt in allem, was ist
Dein Name durchdringt, was du geschaffen hast
Dein Wille möge sich verwirklichen auf unserer Erde
Endlich
Gib uns, was wir brauchen
Heute
Und nimm unsere Übertretungen von uns weg
Ganz
So wie auch wir loslassen, was wir an Groll gegen andere haben
Ganz
Und führe uns ins Leben
und löse die Verstrickungen, in die wir hineingeboren sind
in die wir durch unsere Taten immer weiter hineingeraten
Denn dir gehört alles, was ist, du hast es geschaffen
Du wirst es vollenden in Herrlichkeit
und ohne Riss und Störung immerdar
Amen

Stille

Segen zur Nacht
Gesegnet das Große Ganze – wir ein Teil davon
Gesegnet das Göttliche – in uns ein Teil davon
Gesegnet das schöpferische Sein – wir immer im Werden
Ja, so gehen wir in diese Nacht – im Segen

So liebe denn Adonaj – Gott für dich – mit Herz und Verstand,
mit jedem Atemzug, mit aller Kraft. (Dtn 6,5)

REISEN – FAHREN

Am Morgen

Anrufung
Bevor der Alltag mich im Griff hat
bleibe ich vor dir
ein paar Atemzüge lang
Bevor ich fortfahre in meinem Tagwerk
bleibe ich vor dir
einen Augenblick lang

Stille

Lesung
Die Stunde auf dem Gipfel
wäre nicht halb so schön,
wären da zuvor nicht
die dunklen Täler zu durchwandern.
Helen Miller (1868–1938)

Segen für den Tag
Die Stunden des Tages beginnen zu eilen
Sie reißen mich mit sich fort
Sie kommen in Fahrt
Im Gedränge der Pflichten
bitte ich
halte mich
zeig mir Richtung und Ziel
Segne diesen Tag!

Die Ewige zog immer vor ihnen her …, um ihnen den Pfad zu
erhellen. (Ex 13,21)

REISEN – FAHREN

Am Morgen

Meditation
Heute mache ich eine kleine Meditationsreise.
Ich stelle mir vor, was heute an diesem Tag zu tun ist.
Da sind Gespräche, Treffen, Dienstreisen, Telefonate.
Ich suche mir eine Situation heraus und »reise« jetzt
schon dorthin. Ganz viel Licht und Segen habe ich
mitgebracht und fülle damit die Räume, hülle mich
und mein Gegenüber damit ein.
Und kehre wieder zurück.
So ist alles gut vorbereitet, wenn ich dann »in Wirklichkeit«
dorthin fahre.

MutWort
Ich bin neugierig, was diese Tages-Reise bringt!

Segen für den Tag
Möge meine Tagesreise gesegnet sein
Möge meine Lebensreise gesegnet sein
Mögen alle, die mit mir unterwegs sind
am Großen Segen teilhaben!

Die Ewige zog immer vor ihnen her ..., um ihnen den Pfad zu
erhellen. (Ex 13,21)

REISEN – FAHREN

Am Abend

Anrufung
Da bin ich wieder vor dir
räumlich nicht weit weg gewesen, aber in Gedanken doch
Die Arbeit hat mich fortgerissen – Sorgen haben mich
weggezerrt
Mein Geist ist in vielerlei Richtungen zerstreut
Jetzt aber bin ich wieder da – vor dir

Gedanken zum Lebenswort
Das Volk Israel ist auf dem Weg ins »Gelobte Land«.
Und Gott selbst zieht vor ihnen her. Am Tag als Wolke,
in der Nacht als Feuersäule, immer sichtbar.
Auch für uns gilt das, wenn wir unserer Wesensaufgabe entgegenziehen,
unserem »Gelobten Land«, das mit uns in die Welt gekommen ist.
Dann können auch wir auf die Leitung der göttlichen Weisheit rechnen.

FürDenken
Heute denke ich an
- die jungen Menschen, die darum ringen, ihren Weg zu finden, ihrer
  Wesensaufgabe gemäß zu leben.
  Dass sie Menschen finden, die sie darin begleiten.
- die Menschen in der Lebensmitte, die neu anfangen möchten.
  Dass sie Schritte tun, um ihre Berufung zu finden.
- die alten Menschen, deren Leben sich rundet.
  Dass sie versöhnt zurückblicken auf das, was gewesen ist.

Die Ewige zog immer vor ihnen her …, um ihnen den Pfad zu
erhellen. (Ex 13,21)

REISEN – FAHREN

Am Abend

Mutterunser
Du unser großes Gegenüber
ChristusSophia
Immer schon bist du auf dem Weg zu uns
kein Schritt ist dir zu viel
Oder besser
immer schon bist du bei uns angekommen
ohne dass wir es gemerkt haben
Dein Reich, deine ungeteilte Wirklichkeit
dein Heilmachen von dem, was verletzt ist –
lass es uns sehen
und lass uns mitmachen, mitwirken
was in unseren Kräften steht
Amen

Stille

Segen zur Nacht
Wenn ich nun liege und ruhe
so sei du bei mir
Deine Engel behüten mich
deine Feuersäule
leuchte meiner Seele
auf ihren Traumpfaden
Segne diese Nacht

Die Ewige zog immer vor ihnen her ..., um ihnen den Pfad zu
erhellen. (Ex 13,21)

WOHNEN

Am Morgen

Anrufung
Die du wohnst über den Gesängen Israels
Die du wohnst über den Gebeten aller Menschen
die sich dir zuwenden
der christlichen
wie der buddhistischen
der islamischen
wie der hinduistischen Gläubigen
Ja, immerfort wohnst du in den Gesängen der Menschen
die dich lieben

Stille

Lesung
Sei freundlich zu deinem Leib, damit die Seele Lust hat,
darin zu wohnen.
Teresa von Avila (1515–1582)

In Frieden kann ich mich niederlegen und einschlafen. Denn du,
die Ewige, allein lässt mich bleiben im Vertrauen. (Ps 4,9)

WOHNEN

Am Morgen

Übung
Wohnen – das heißt, sich endgültig niederlassen.
Zuhause sein. Da sein. Sich mit der Wohnung, dem Haus,
der Landschaft, dem Fleckchen Erde verbinden, wo ich lebe.
Aber auch, wenn ich noch nicht an dem Ort bin,
der sich ganz nach Heimat anfühlt,
kann ich doch schon probeweise diese Übung machen:
Ich setze mich gut hin, schließe die Augen und atme aus.
Mit jedem Ausatem verbinde ich mich mehr mit der Erde ...
Ich lasse Wurzeln in die Erde wachsen ...
Mit jedem Einatem wachse ich nach oben, weite mich,
dehne mich aus, in die Höhe, in die Breite ...
So nehme ich meinen Raum ein, fülle ihn aus.
Und spüre, wie sich das Zentrum meines Herzraums füllt.
Ich wohne in mir.

MutWort
Ich wohne in mir!

Segen für den Tag
Fest verwurzelt will ich heute leben.
Nein – nicht bloß mit halber Pobacke dasitzen,
immer bereit aufzuspringen ...
Sondern ich will mich niederlassen
auf dieser Erde.
Segen ihr und mir!

In Frieden kann ich mich niederlegen und einschlafen. Denn du,
die Ewige, allein lässt mich bleiben im Vertrauen. (Ps 4,9)

WOHNEN

Am Abend

Anrufung
Die du die Erde liebst und den Himmel
komm auch zu mir
die ich rastlos und ruhelos bin
die die Arbeit nicht loslassen kann
Komm auch zu mir und wohne bei mir, in mir
Zieh mich zu deiner Erde und fülle mein Herz
mit deinem Himmel!

Gedanken zum Lebenswort
Die Lebensregel der benediktinischen Mönche und Nonnen betont
die »stabilitas loci«, das Bleiben an einem Ort. Heute, in einer Zeit der
ständigen Umzüge, der vielen Reisen, der Flüge über die halbe Erde:
Was gibt es Schöneres, als an einem bestimmten Ort einzuwurzeln –
in einer Landschaft, in einem Garten, in einer Wohnung, in einer Gemeinschaft von Menschen, die mir guttun?
Und was kann ich dafür tun, dass dieses Einwohnen, dieses »Einge-
wöhnen« geschieht?

FürDenken
Heute bitte ich für alle
• die berufshalber immer wieder umziehen müssen,
• die auf der Flucht sind und ihre Heimat verlassen mussten,
• Kinder, die unter ADHS leiden und nicht stillhalten können,
• Obdachlosen, die keinen »festen Wohnsitz« haben,
dass sie alle einen Ort finden, wo sie sich zu Hause wissen.

In Frieden kann ich mich niederlegen und einschlafen. Denn du,
die Ewige, allein lässt mich bleiben im Vertrauen. (Ps 4,9)

WOHNEN

Am Abend

Mutterunser
Ewige
dein Name wohnt in allem, was ist
schimmert durch alles
verströmt sich in allem
Der Klang deines Wesens, dein Wort –
lass es in uns wohnen

Stille

Segen zur Nacht
Wickle mich ein in deinen Frieden
in dieser Nacht, so bitte ich
Stell deine Engel um mich
um meine Wohnung
unser Dorf
unsere Stadt
unser Land
diese Erde
Behüte und beschütze mich und alle, die mir am Herzen liegen
Lass mich und meine Lieben geborgen schlafen
Segne diese Nacht!

In Frieden kann ich mich niederlegen und einschlafen. Denn du, die Ewige, allein lässt mich bleiben im Vertrauen. (Ps 4,9)

FÜHLEN

Am Morgen

Anrufung
Du Hirtin meines Lebens
Von der Innenseite meiner Seele her
fühle ich nach dir
Mein Gott
wo bist du?
Wie bist du?
Ich warte und schweige ...
Und dann bist du da
Freude ist da – Nähe
Du berührst mich
in meiner Seele

Stille

Lesung
Die besten und schönsten Dinge auf der Welt kann man weder sehen noch hören. Man muss sie mit dem Herzen fühlen.
Helen Keller (1880–1968; taubblind seit ihrem 3. Lebensjahr)

... ist Gott doch nicht fern von jeder und jedem unter uns. Denn in Gott leben wir, bewegen wir uns und sind wir. (Apg 17,27–28)

FÜHLEN

Am Morgen

Übung zum Sich-selbst-Fühlen
Wir stehen gut und verbinden uns durch unseren Ausatem mit der Erde, mit unserem Einatem mit dem Himmel.
Und dann berühren wir uns, an den Stellen, an die es unsere Hände hinzieht.
Die Schultern, der Bauch, die Beine, der Rücken, das Gesicht, die Haare.
Wir nehmen uns Zeit und nehmen zweifach wahr: im aktiven Berühren und im Berührtwerden!
Wir genießen es.
Und beenden die Übung mit einer Geste des Dankes!

MutWort
Ich lasse mich in der Tiefe meines Herzens berühren!

Segen für den Tag
Möge Zartheit meine Finger beseelen
Möge Mut mein Herz weiten
Möge Liebe meine Schritte leiten

... ist Gott doch nicht fern von jeder und jedem unter uns. Denn in Gott leben wir, bewegen wir uns und sind wir. (Apg 17, 27-28)

FÜHLEN

Am Abend

Anrufung
Du innerstes Herz des Dunkels
willkommene Nacht
aus der geboren wird
meine Freude, mein Licht, mein neuer Tag!
Wenn ich nun eintrete in den Frieden dieser Nacht
lasse ich zurück, was mich beschwert
lasse ich zurück meine Sorgen, meine Gedanken
meine Arbeit
Ich kehre ein zu dir
in deinen Frieden

Gedanken zum Lebenswort
Ich danke, dass ich fühlen kann – und wenn es auch
schmerzlich sein mag –, ich danke. Es ist besser,
als nichts zu fühlen!

FürDenken
Ich denke an Menschen, die hartherzig und dickfellig geworden sind –
durch Not, durch Gier, durch die Last der Arbeit.
Dass sie es wagen, wieder zu fühlen.
Ich denke an die Menschen, die abgestumpft sind durch Leiden und
Traumata, die schlagen, weil sie selbst geschlagen wurden; die verlet-
zen, weil sich niemand um ihre Verletzungen gekümmert hat.
Dass sie mit-fühlend werden – mit sich und anderen.

... ist Gott doch nicht fern von jeder und jedem unter uns. Denn
in Gott leben wir, bewegen wir uns und sind wir. (Apg 17,27–28)

FÜHLEN

Am Abend

Mutterunser
Du unser Großes Mutter-Vater-Du!
Du fühlst mit uns, weinst mit uns, leidest mit uns,
freust dich mit uns.
Du bist in allem und
deine verborgene Nähe ist doch nicht zu fassen.
Nur wenn wir ganz still sind – manchmal – kann es sein,
dass wir dich spüren, deinen Atemhauch, dein stilles Vorübergehen …
Tröste uns damit!
Lass uns nicht Zuflucht suchen zur Härte, zur Gewalt.
Lass uns dich lieber suchen unser Leben lang!

Stille

Segen zur Nacht
Meinen Nacht-Engel bitte ich zu mir
Müde liege ich darnieder
aufgesogen von den Mühen des Tages
Komm, mein Engel der Nacht
und streiche mir übers Gesicht!
Lass mich ruhen
unter deinem Flügel
Lass mich ruhen im Frieden!

… ist Gott doch nicht fern von jeder und jedem unter uns. Denn
in Gott leben wir, bewegen wir uns und sind wir. (Apg 17,27–28)

SEIN – DA SEIN

Am Morgen

Anrufung
Du Großes Sein –
wie in einen klaren See
schaue ich in dich hinein
Während ich schaue
klärt es sich auch in mir
Die wirbelnde Oberfläche meiner Gedanken
kommt zur Ruhe
Und ich weiß
du schaust mich an
Großes Sein

Stille

Lesung
Ich bin die höchste feurige Kraft und habe alle lebenden Funken ent-
flammt. Ich flamme über die Schönheit der Fluren, ich leuchte auf in
den Gewässern und erglühe in Sonne, Mond und Sternen. Mit jedem
Lufthauch, gleichsam wie mit unsichtbarem Leben, das alles erhält,
erwecke ich alles in belebendem Reigen ... und so ruhe ich in aller
Wirklichkeit verborgen als feurige Kraft ... Denn ich bin das Leben.
Hildegard von Bingen (1098–1179)

Gott erwiderte Mose: Ich bin da, weil ich da bin! (Ex 3,14)

SEIN – DA SEIN

Am Morgen

Mutterunser
O Gebärerin des Alls
Mutter/Vater des Universums
dein Name
dein »Ich bin« werde sichtbar
wirke sich aus in allem, was geschieht
Heute will ich jede Gelegenheit beim Schopf packen
auch mein schöpferisches »Ich bin ...« zu leben
dass ich mitwirke und dein Wille geschehe
auch durch mich
Amen

MutWort
Ich bin!

Segen für den Tag
Leg deinen Segen auf mich heute Morgen
wie einen blauen Mantel
der mich schützt
Leg deinen Segen sanft auf mich
So gehe ich aufrecht und behütet
in diesen Tag!

Gott erwiderte Mose: Ich bin da, weil ich da bin! (Ex 3,14)

SEIN – DA SEIN

Am Abend

Anrufung
Deinen liebevollen Blick aushalten
nicht aufspringen
nicht weglaufen
nicht arbeiten
sondern da sein und mich nähren lassen
Da sein vor dir

Gedanken zum Lebenswort
Das »Ich-bin« ist das grundlegende Schöpfungswort,
ist der Urklang von Kreativität, gesammeltes Sein!
Alle Zeit ist darin aufgehoben.
Gott ist beides – Fluss und ruhendes Sein zugleich.
Das göttliche »Ich bin« durchzieht die ganze Schöpfung – auch mich.
Es belebt und erhält mich am Leben.
Christus ist das sichtbare »Ich bin ...« Gottes.
Vor zweitausend Jahren ungefähr hat einmal
eine Frau mit Namen Maria dieses »Ich bin« ausgesprochen.
Ich bin deine Mit-Wirkende, hat sie gesagt.
Mir geschehe.
Mit-wirkende im göttlichen »Ich bin« – das sind auch wir!

FürDenken
Heute denke ich
- an entwurzelte Menschen,
- an die, die durch Krankheit oder Schicksalsschläge aus ihrer Bahn
  geworfen wurden,
- an die, die wegen Krieg und Naturkatastrophen ihre Heimat verlassen mussten,
dass sie durch alles ihr »Ich bin« bewahren können!

Gott erwiderte Mose: Ich bin da, weil ich da bin! (Ex 3,14)

SEIN – DA SEIN

Am Abend

Mutterunser
Ewige
uns zugeneigte Schöpferin
von Himmel und Erde
Dein Sein durchdringt das All
Dein Sein durchdringe mich
werde zu meinem
Ich bin
in mir
mit dir

Stille

Segen zur Nacht
Köstlich ist es
in deinem Ich-bin-mit-dir einzuschlafen
Dein Ich-bin
sei mit mir
in dieser Nacht

Gott erwiderte Mose: Ich bin da, weil ich da bin! (Ex 3,14)

SCHÖPFEN – SCHÖPFERISCH SEIN

Am Morgen

Anrufung
Ach, voller Hetze sind meine Tage
gezählt nur im Maß des Terminkalenders, aber nichts
für den Geschmack meiner Seele
Stumpf und taub geworden, hat sie sich zurückgezogen
bis in die innersten Winkel
Deshalb will ich in mich selbst hinuntersteigen
Will hinab in den Grund des Seins
in die Brunnenstube meines Wesens
Und da will ich Wasser schöpfen
aus der Quelle, die nicht aus mir stammt
Die Schatten an den Wänden
ängstigen mich nicht
Das Dunkel wird durchscheinend
im Schein des lebendigen Wassers

Stille

Lesung
Die Theologin Elisabeth Moltmann-Wendel hat einmal diesen Satz geprägt: Jede Frau sollte leben in dem Bewusstsein »Ich bin gut, ich bin ganz, ich bin schön!« Und das heißt doch:
- Ich bin gut, weil ich so, wie ich bin, aus Gottes Händen komme.
- Ich bin ganz, weil ich alles an mir positiv würdige.
- Ich bin schön, weil ich spüre, wie Gottes liebender Blick auf mir ruht.

Brigitte Enzner-Probst

Ihr werdet Wasser schöpfen mit Freude aus dem Brunnen der Rettung. (Jes 12,3)

SCHÖPFEN – SCHÖPFERISCH SEIN

Am Morgen

Übung
Ich sitze gut und atme bewusst ein und aus.
Jeder Ausatem ein Schöpfeimer, der in die Erde wie in einen Brunnen gelassen wird,
mit jedem Einatem hole ich den Schöpfeimer nach oben in meinen Herzraum und gieße ihn dort aus,
so schöpfe ich und werde genährt,
tief tauche ich ein und immer tiefer
in den grundlosen Grund der göttlichen Liebe
und schöpfe Leben.

MutWort
Mit jedem Atemzug schöpfe ich Leben.

Segen für den Tag
Gesegnet das Große Ganze
wir ein Teil davon
Gesegnet das Göttliche
in uns ein Teil davon
Gesegnet das schöpferische Sein
wir immer im Werden
Ja, so gehen wir
als Gesegnete

Ihr werdet Wasser schöpfen mit Freude aus dem Brunnen der Rettung. (Jes 12,3)

SCHÖPFEN – SCHÖPFERISCH SEIN

Am Abend

Anrufung
Die du am siebten Tag ruhst von allem
Schaffen
Wirken
Sich-Ausdenken
sei bei mir
wenn ich Atem hole
wenn ich ausruhe in dieser Nacht

Gedanken zum Lebenswort
Das tun wir ja kaum noch – Wasser schöpfen. Alles geht so automatisch, Wasserhahn auf, Wasser läuft. Nur im Garten brauchen wir manchmal die Gießkanne, wenn der Schlauch gerade nicht da ist.
Schöpfen dagegen hat etwas mit Rhythmus zu tun, mit Wasserschöpfen und Ausgießen, mit Nehmen und Geben.
Schöpferisch sein braucht Zeit und Geduld, bis etwas geschöpft ist und sich in uns ausgießt. Und durch uns eine neue Gestalt bekommt.

FürDenken
Für alle Menschen,
- die in ihrer Seele durstig sind, ohne es zu merken,
- die andere ermutigen und anregen, sodass sie sich entfalten,
und für alle künstlerisch Tätigen, dass sie an ihre Berufung glauben.

Ihr werdet Wasser schöpfen mit Freude aus dem Brunnen der Rettung. (Jes 12,3)

SCHÖPFEN – SCHÖPFERISCH SEIN

Am Abend

Mutterunser
Schöpferin des Alls
Meisterin des Universums
Wie könnten wir je die Wunder zu Ende bestaunen
die du dir ausgedacht hast?
Und wir als letzte Geschöpfe der Erde –
wie wundersam ist es, dass wir fortführen sollen
was du begonnen hast
Lass es uns behutsam tun und nicht zerstören
durch unsere Phantasien von Macht und Herrschaft
Befreie uns vom bloßen Machen
Lehre uns die Lust
schöpferisch zu sein
mit dir

Stille

Segen zur Nacht
Lass doch, das bitte ich
mein Herz deine Liebe schöpfen
Lass meine Seele offen sein für
deine Visionen
Segne du meinen Schlaf

Ihr werdet Wasser schöpfen mit Freude aus dem Brunnen der Rettung. (Jes 12,3)

FREI SEIN

Am Morgen

Anrufung
Klare Schönheit des Morgens
erhabene Schönheit der Berge
stille Anmut des Sees
vor mir ausgebreitet
Und in allem, hinter allem
DU!
Im Gespinst meiner Gedanken eingeschlossen
zapple ich zwar
Aber deine Schönheit weitet mein Herz
Frei sein will ich und
frei bin ich
wenn ich auf dich schaue

Stille

Lesung
Das jüdische Volk feiert jedes Jahr neu das Frühlings- oder Paschafest.
Damit erinnert es sich an den Auszug und die Rettung ihrer Vor-Väter
und -Mütter, die als ZwangsarbeiterInnen in Ägypten versklavt gewesen waren. Alle freuen sich, als wären sie selbst aus der Versklavung
befreit worden.
Brigitte Enzner-Probst

... Dass auch die Schöpfung selbst aus der Versklavung ...
befreit werde. (Röm 8,21)

FREI SEIN

Am Morgen

Übung
Ich stelle mir vor, dass ich wie der Riese Gulliver auf der Erde liege und
schlafe. Tausend kleine Wesen – das sind die Einwände meiner ängst-
lichen Seele – sind beschäftigt, mich mit dünnen Seilen auf der Erde
festzupinnen. Ich merke es nicht.
Da wache ich auf und – meine Hände, meine Füße lassen sich nicht
mehr bewegen! Ich bin wie gelähmt, wie festgezurrt.
Aber dann erkenne ich plötzlich: Ich bin ja ein Riese – diese dünnen
Fäden können mich nicht halten! Da richte ich mich auf – das Ge-
schrei der kleinen Wesen umschnattert mich. Aber die Einwände werden leiser und leiser, weil ich mich aufrichte zu meiner wahren Größe.
Ich stehe auf. … Ich gehe … Ich bin frei und gehe meinen Weg …
Nichts kann mich aufhalten!

MutWort
Ich bin frei!

Segen für den Tag
Hüterin meines Innersten
Dir neige ich mich zu und lade ab
was hinderlich ist in mir –
Gedankenfesseln, Gewohnheiten, die sich eingeschlichen haben
Eigenschaften und Verhaltensweisen, die mich klein machen
Kraft und neues Vertrauen erbitte ich
denn frei sein will ich
Segne mich!

… Dass auch die Schöpfung selbst aus der Versklavung …
befreit werde. (Röm 8,21)

FREI SEIN

Am Abend

Anrufung
Kopfüber in die Stille taumeln
aus tausend Terminen
jetzt
eintauchen in das Schweigen, das köstliche
es über mir zusammenschlagen lassen
jetzt
sitzen und langsam
spüren zu sein
da vor dir
Ewige!

Gedanken zum Lebenswort
Frei sein geht von innen nach außen. Frei sein ist eine innere Haltung,
ein unbedingtes Bei-sich-Sein, in der eigenen Mitte sein.
Frei sein lässt mich durch keine Stimmung, keine hässlichen Worte
oder Drohungen im Außen aus meiner Mitte bringen.
Dieses Freisein motiviert mich, alles zu tun, damit auch die äußeren
Verhältnisse so sind, dass Menschen und Tiere frei sein können.

FürDenken
- Für alle Tiere und Menschen, die in Gefangenschaft ihr Leben fris-
  ten – erbarme dich, göttliche Liebe!
- Für alle Menschen, die andere ohne Grund gefangen halten – erbarme dich, göttliche Liebe!
- Für alle, die zwar äußerlich frei sind, aber innerlich von ihren Mus-
  tern, Gedankenkreiseln und Ängsten gefangen gehalten werden –
  erbarme dich, göttliche Liebe!
Lehre uns, als freie Kinder Gottes zu leben!

... Dass auch die Schöpfung selbst aus der Versklavung ...
befreit werde. (Röm 8,21)

FREI SEIN

Am Abend

Mutterunser
Du unser Mutter-Vater-DU
Zu dir wende ich mich
am Abend dieses Tages, am Abend des Lebens, am Abend
der Welt
Dein heiliger Name klinge in mir
Dein Name stimme mich ein auf die Frequenz deiner Liebe
Sie wirke sich aus bei uns wie in den unsichtbaren Welten
Ja, dein Friedensreich komme – endlich
Auch wenn es nicht danach ausschaut, immer noch nicht
dein Friedensreich komme doch – endlich
durch uns und mit uns
Ach, und auch das mit dem Brot für alle bitte ich
Es ist ja genug da, aber einige nehmen mehr, als ihnen zusteht
wir in Europa zum Beispiel
Deshalb nimm von uns alle Verblendung
als wenn wir uns allein durchmogeln könnten
als wenn es den Himmel und die Erde nur für uns gäbe
Und lass uns gute Schritte tun in ein freies Leben für alle – Amen.

Stille

Segen für die Nacht
Mich dir hinhalten, Atemzug für Atemzug
mich vor dir aushalten, Augenblick für Augenblick
Mich dir zumuten als eine einzige Bitte:
stärke mich
befreie mich
segne mich

... Dass auch die Schöpfung selbst aus der Versklavung ...
befreit werde. (Röm 8,21)

LACHEN

Am Morgen

Anrufung
Du mein Gelächter – über der Feinde Hader
Du mein Lachen – an der Seite geliebter Menschen
Du mein Lächeln – das mein Herz weit macht
Dir wende ich mich zu!

Stille

Lesung
Als die Ewige Zions Geschick wendete,
war es, als träumten wir:
Da füllte Lachen unseren Mund
und Jubel unsere Zunge.
Ps 126,1

Und Sara juchzte ... (Gen 18,12)

LACHEN

Am Morgen

Übung
Im Theater lernen die Schauspielenden zu weinen und zu lachen.
Auf Bestellung. Das lässt sich also üben. Wie das geht?
Ich stelle mir eine sehr komische Situation vor. So richtig lächerlich …
Meine Mundwinkel gehen nach oben.
Ich lasse mein Kichern, Lächeln, Lachen stärker werden. Meinetwegen
ist es noch etwas krampfhaft, das macht nichts.
Ich übe ja. Es soll im Bauch kitzeln.
Jedesmal, wenn ich ein Lachen brauche, denke ich an diese komische
Situation. Und dann lache, grinse, schmunzle, kichere ich. Es lacht in
mir.
Was hindert uns also, zu lächeln oder zu lachen?
Mit Sara zusammen werde ich mutig, mein Lachen zu entdecken!

MutWort
Mein Herz lacht!

Segen für den Tag
Ich, Sara
eine Erzmutter in Israel
segne dich, meine Tochter
Geh deinen Weg
voller Lachen
Glaube an das Unmögliche
Sei offen für das Unerwartete
Möge es dir geboren werden!

Und Sara juchzte … (Gen 18,12)

LACHEN

Am Abend

Anrufung
Du mein Gott
Du mein Lachen
Du meine Freude
Da bin ich wieder
vor dir

Gedanken zum Lebenswort
Sara ist wegen ihres Lachens oft verdammt worden.
Die Erzmutter des Volkes Israel lacht über die Verheißung des göttlichen Besuchs! Ver-lacht sie diese Nachricht?
Aber hat sie nicht recht? Würde es uns nicht auch so gehen? Lachen entsteht aus dem Zusammentreffen zweier unvereinbarer Sachverhalte. Sie bewirken einen neuen, lächerlichen Zusammenhang. Eine alte Frau, die nicht mehr menstruiert, soll ein Kind bekommen? Das ist doch wirklich komisch!
Aber vielleicht lässt sich diese Geschichte auch anders lesen. Vielleicht hat ihr Lachen sie ja auch vorbereitet für das Wunder!
Sie heiter und fröhlich gestimmt, sie, die unter ihrer Kinderlosigkeit so gelitten hat …

FürDenken
Ich nehme an mein Herz
die Menschen mit dunkel verhangener Seele
die es schwer mit sich und anderen haben
Ich schicke ihnen ein Lächeln
Und bitte: Möge es sie erreichen

Und Sara juchzte … (Gen 18,12)

LACHEN

Am Abend

Mutterunser
Du meine Mutter
Du mein Gott
Voller Erbarmen fährst du herab
in den Nebeln der Nacht
Voller Stärke steigst du auf
aus dem Dunkel der Erde
Dein Name durchdringe alles, was ist
Mich und die Meinen und alle, die dich ersehnen
die Leidvollen und die Freudestrahlenden
die Sorgenden und die Leichtsinnigen
Tritt an deine Herrschaft
in unseren Herzen
Sag dein Wort
dein entscheidendes Herz-Wort
das die Zeiten ändert
nicht nur im Himmel
sondern endlich
ach endlich auch auf unserer Erde!

Segen zur Nacht
In meinem Innersten bin ich mit dir verbunden
Freude perlt auf
Mein Lebenslachen steigt auf zu dir
Wir lächeln gemeinsam
Dank dir zur Nacht

Und Sara juchzte ... (Gen 18,12)

TRINKEN – TRÄNKEN

Am Morgen

Anrufung
Geist des lebendigen Gottes
erfrische uns wie Tau am Morgen
fülle uns
stärke uns
sende uns!

Stille

Lesung
Zur Jahrtausendwende wurden von den Vereinten Nationen sogenannte Milleniumsziele formuliert.
Das Milleniumsziel Nr. 7 lautet: Bis 2015 soll die Zahl der Menschen, die keinen nachhaltigen Zugang zu sauberem Trinkwasser haben, halbiert werden!
Was aber nützen solche Ziele, wenn wir sie nicht erreichen können oder wollen? Jeder Rückschlag scheint uns mehr zu schwächen!
Und doch ist unser Arbeiten wie unser Beten für eine Umkehr unerlässlich.
Mit unseren Gebeten hüllen wir diesen Planeten in eine andere Wirklichkeit, tauchen ihn ein in die göttliche Weisheit und Liebe, so dass sich die Erde regenerieren kann.
Die Bibel gibt uns Grund zur Hoffnung. Wie es dem Abraham verheißen wurde angesichts von Sodom und Gomorra: Wenn nur 10% der Menschen umkehren würden, wäre Rettung möglich.
Brigitte Enzner-Probst

Die Erde ... empfängt reichlichen Segen von Gott. (Hebr 6,7)

TRINKEN – TRÄNKEN

Am Morgen

Übung
Eine Quelle suchen, im Gebirge, im Wald, auf einer Wiese,
wo auch immer.
Sich zu ihr setzen.
Ihr zuhören.
Mich mit ihr verbinden.
Von ihr trinken.
Mich mit ihrem Wasser waschen.
Wie fühle ich mich?
Bin ich mit meiner Inneren Quelle verbunden?

MutWort
Ich trinke das Leben in vollen Zügen!

Segen für den Tag
Quelle des Lebens
Aus dir sprudelt mir zu
immer neue Lebenskraft
übergenug für diesen Tag
Fülle mich
bis ich überfließe
in diese Welt

Die Erde ... empfängt reichlichen Segen von Gott. (Hebr 6,7)

TRINKEN – TRÄNKEN

Am Abend

Anrufung
Der Staub des Tages
so viele Erwartungen, Pflichten, Routinen
Arbeit, Termine von mir und anderen
haben mich durstig gemacht
Zu dir komme ich
Quelle des Lebens
und bitte
Erneuere mich
Tränke mich
Belebe mich!

Gedanken zum Lebenswort
Bin ich in meinen Gedanken und Gebeten dabei, diese Erde jeden Tag neu in die belebende und klärende Geistkraft zu tauchen, damit unsere Erde geschützt werde?
Wo kann ich etwas ändern in meinem Verhalten, in meinem Einkaufen, in meinen Worten und Handlungen? Wie können wir darauf hinwirken, damit alle gleichermaßen Zugang zu sauberem Wasser haben? Wie können wir unseren Lebensdurst so stillen, dass diese Erde dabei nicht kaputtgeht?

FürDenken
Ich denke an die
• die keinen Zugang zu sauberem Wasser haben,
• die Wasser gedankenlos verschwenden,
• die durstig sind und entkräftet,
• die durstig sind nach Liebe, Zärtlichkeit, Heiterkeit und Schönheit.
Erbarme dich, große Weisheit, über uns alle!

Die Erde ... empfängt reichlichen Segen von Gott. (Hebr 6,7)

TRINKEN – TRÄNKEN

Am Abend

Mutterunser
MutterVaterUnser ...
Für uns alle?
Oder nur für das reiche Drittel der Menschheit?
Unser tägliches Brot
unsere tägliche Ration Wasser
gib uns allen
ohne Unterschied der Hautfarbe, der Religion, der Nation!
Deshalb vergib uns, Ewige
unsere Schuld, unsere Gier, unsere Gedankenlosigkeit ...
Und führe uns
aus den Gefängnissen unserer Selbstsucht
in ein tieferes und gemeinsames Leben!

Stille

Segen zur Nacht
So umfange uns alle
in dieser Nacht
dein Segen!
Halte uns nah bei dir
damit wir Frieden finden!

Die Erde ... empfängt reichlichen Segen von Gott. (Hebr 6,7)

VERBUNDEN LEBEN

Am Morgen

Anrufung
Mit dir verbunden
Freundin des Lebens
Schöpferin des Alls
Mit dir verbunden
bin ich!

Stille

Lesung
Jedes Geschöpf ist mit einem anderen verbunden und jedes Wesen
wird durch ein anderes gehalten.
Hildegard von Bingen (1098–1179)

Da ist nicht jüdisch noch griechisch, da ist nicht versklavt
noch frei, da ist nicht männlich und weiblich: denn alle seid ihr
einzig-einig im Messias Jesus. (Gal 3,28)

VERBUNDEN LEBEN

Am Morgen

Übung
Alles ist mit allem verbunden.
Alles ist Teil eines großen Lebenszusammenhangs.
Was immer ich denke, tue, spreche – es hat Auswirkungen auf das Große Ganze.
Worte und Handlungen, aber auch Gefühle und Stimmungen, innere Bilder und Phantasien sind wie Gongschläge, die gehört werden, die andere anregen oder aufregen, schlechte Gewohnheiten verfestigen oder Liebe stärken.
Was also sage ich?
Wie sage ich es?
Und noch wichtiger: Was denke ich, was fühle ich?
Wo bin ich Gong und wo bin ich Resonanzinstrument für die Anstöße anderer?

MutWort
Ich lebe in einer großen Wir-Gemeinschaft!

Segen für den Tag
Verbunden mit dir
und verbunden mit den anderen
die mit mir sind
So möge dieser Tag gesegnet sein!

Da ist nicht jüdisch noch griechisch, da ist nicht versklavt noch frei, da ist nicht männlich und weiblich: denn alle seid ihr einzig-einig im Messias Jesus. (Gal 3,28)

VERBUNDEN LEBEN

Am Abend

Anrufung
Du allen Lebens Grund und Fülle!
Du Netzwerkerin des Lebens –
bei dir kehre ich ein
am Abend dieses Tages

Gedanken zum Lebenswort
Nicht wir müssen Verbundenheit herstellen.
Sie ist immer schon da. Sie ist ein Grundprinzip der Schöpfung. In der Christuswirklichkeit leuchtet sie neu auf. Eins sind wir, wenn wir uns ganz auf den Grund des Seins einlassen.
Wir haben diese Verbindung zueinander nur vergessen. Durch Verstrickungen, durch Fehler und Ärger fließt es nicht mehr zwischen uns, wie es soll. Es kostet Mühe, diese ursprüngliche Verbindung wieder freizulegen. Wenn sie wieder fließt, ist es ein Nehmen und Geben, das nährt.

FürDenken
Ich denke an die Menschen,
- die in ständigem Streit mit anderen leben,
- die im Streit mit sich selbst leben – was ungefähr das Gleiche ist,
- die Spaltung und Zwietracht säen und daran noch Spaß haben,
- die Opfer sind von Streit und Hass, von Mobbing und Rassismus.

Ach – und an meine eigene Unfähigkeit denke ich, Streit zu schlichten, Verbindung zu schaffen, Entzweiung zu heilen …
Gib uns allen ab von deiner Freundinnenkraft, bitte ich.
Ein großes Stück! Wir haben sie nötig!

Da ist nicht jüdisch noch griechisch, da ist nicht versklavt noch frei, da ist nicht männlich und weiblich: denn alle seid ihr einzig-einig im Messias Jesus. (Gal 3,28)

VERBUNDEN LEBEN

Am Abend

Mutterunser
MutterVater –
immer unser – nie von mir allein
Unser tägliches Brot gib uns
immer unser – nie mir allein ...
Unsere Schuld vergib uns
immer unser – nie mir allein ...
In deiner großen Wir-Gemeinschaft lehre mich leben
meinen Beitrag zu geben
wie du es gemeint hast
immer unser – nie ich allein
in der Symphonie des Alls
und in meinem All-Tag
Amen

Stille

Segen für die Nacht
Deinen Segen erbitte ich für alle
mit denen ich verbunden bin
an die ich denke
Und – auch wenn es mir nicht leichtfällt –
auch für die bitte ich um Segen, die mich ärgern
die meine Kräfte aufzehren
Deinen Segen schicke an alle, die ihn brauchen
Und deshalb, bitte, auch für mich!

Da ist nicht jüdisch noch griechisch, da ist nicht versklavt
noch frei, da ist nicht männlich und weiblich: denn alle seid ihr
einzig-einig im Messias Jesus. (Gal 3,28)

REIFEN – ERNTEN

Am Morgen

Anrufung
Du große Meisterin des Lebens!
So vieles, was ich tue
erscheint mir klein und vergeblich
Ein immerwährendes Beginnen und Tun
ein Loslassen und Aufhören
Und das gute Ende liegt so oft nicht in meiner Hand
Ich bitte dich
lass mich auf dich vertrauen
Auf deine Sonne, die zum Reifen bringt
Auf deine Kraft, die Ernte möglich macht!

Stille

Lesung
Wenn du liebst, dringst du ans Licht wie der Same, der in der Erde
verborgen war.
Bettina von Arnim (1785–1859)

... bittet den Herrn der Ernte, viele Menschen zur Arbeit in seine
Ernte zu schicken. (Mt 9,38)

REIFEN – ERNTEN

Am Morgen

Meditation
Ich sitze und schließe die Augen.
Mit meinen Herzensaugen sehe ich vor mir den Garten meines Lebens.
Ich schaue genau hin.
Was wächst da eigentlich?
So viele Beete mit unterschiedlichen Früchten, mit Gemüse, mit Kartoffeln!
Manches ist noch grün.
Aber vieles ist schon reif zur Ernte.
Ich weiß: Bald geht die Ernte los!
Bin ich bereit, loszulassen und abzuschneiden und herzugeben?
Bin ich bereit zu ernten?

MutSatz
Ich freue mich über meine Tages-Ernte!

Segen für den Tag
Heute ist ein Reife-Tag –
für alles, was ich an Zukunft erbitte
Heute ist ein Ernte-Tag
für alles, was ich oder andere vor langer Zeit gesät haben
Möge Reifen und Ernten gesegnet sein!

... bittet den Herrn der Ernte, viele Menschen zur Arbeit in seine Ernte zu schicken. (Mt 9,38)

REIFEN – ERNTEN

Am Abend

Anrufung
Du geduldige Säerin
meines Lebens
Ich, das Samenkorn aus deiner Hand
Dir reife ich entgegen!

Gedanken zum Lebenswort
Alles Leben fängt klein an. Jeder Baum beginnt in einem Samenkorn.
Jedes Baby – wie winzig, wenn es geboren wird! Und doch ist alles
schon fertig, was es braucht zum Leben.
So auch unsere Mühe und Arbeit im Leben. Wenn wir unserer We-
sens-Aufgabe folgen, dürfen wir darauf vertrauen, dass sie wachsen,
reifen, sich ihren Lebensraum erschließen. Die Große Gärtnerin lässt
wachsen und reifen, was wir gesät haben.
Und das Ernten? Wie rasch und gedankenlos nehmen wir es an, wenn
etwas gelungen, abgerundet und schön geworden ist!
Feiern wir gute Ergebnisse? Halten wir »Erntedank«?

FürDenken
Heute denke ich an die Menschen, denen es die Ernte buchstäblich
oder im übertragenen Sinn verhagelt hat. Die um die Mühen ihrer
Arbeit gebracht wurden! – Erbarme dich ihrer!
Heute denke ich an die Schöpfung, die überreich hervorbringt, was
gepflanzt oder geboren wird. Ich denke an die Schäden, die wir ihr
und uns zufügen! – Erbarme dich unser!

… bittet den Herrn der Ernte, viele Menschen zur Arbeit in seine
Ernte zu schicken. (Mt 9,38)

REIFEN – ERNTEN

Am Abend

Mutterunser
Mutter unser – Mutter der Erde
Hüterin unserer befristeten Heimat
Herbergsmutter für uns Durchreisende
Deine Kraft lässt wachsen und blühen und bringt hervor
was wir Menschen und alle Mitgeschöpfe zum Leben brauchen
Wir bitten dich um dein Erbarmen
um deine Phantasie
gemeinsam das Brot der Gerechtigkeit
zu backen, zu essen, zu feiern und damit
teilzuhaben an deinem Reich
und an deiner Kraft jetzt
und dann
in Fülle

Stille

Segen zur Nacht
Möge mein Tun und Streben
mein Arbeiten und Leben
Möge meine Liebe und mein Lachen
Frucht bringen und geerntet werden zur rechten Zeit
Jetzt aber ruhe ich im
segensreichen Dunkel der Nacht

... bittet den Herrn der Ernte, viele Menschen zur Arbeit in seine
Ernte zu schicken. (Mt 9,38)

DANKEN

Am Morgen

Anrufung
Du großes Herz des Universums
In der Frühe komm ich zu dir gelaufen
und danke dir
für so vieles
was gut ist in meinem Leben –
für die Nacht und die Träume
für das Bett und das Dach über dem Kopf
für das, was ich tun werde und tun kann
für Menschen, denen ich wichtig bin und die mir etwas bedeuten
für diesen Tag und alles, was er bringen wird
für Gefährten und Freundinnen an meiner Seite
und auch für die Zeiten von Alleinsein
»Für mich ist gesorgt!« – was immer geschehen mag.
So beginne ich diesen Tag!

Stille

Lesung
Danken schützt vor Wanken, und Loben zieht nach oben!
Lebensweisheit

Segne die Eine, du meine Lebenskraft! Alles in mir segne ihren
heiligen Namen! (Ps 103,2)

DANKEN

Am Morgen

Meditation
Wir stellen uns vor, wie unser Leben ein Musikinstrument ist.
Wir halten es in der Hand. Vielleicht ist es eine Gitarre, eine Geige?
Die Saiten sind schon lange nicht mehr gestimmt worden.
Jetzt ziehen wir die tiefste Saite an. Höher und höher klingt sie, bis die richtige Frequenz erreicht ist. Dann tun wir das Gleiche bei der nächsten Saite. Bis wir unsere Lebens-Gitarre auf die richtige Tonhöhe gestimmt haben. Jetzt klingt alles harmonisch zusammen, wenn wir beginnen, eine Melodie zu spielen.
So ist es mit dem Danken.
Wir stimmen uns ein auf die Frequenz, die diese Wirklichkeit durchklingt.
Und stimmen ein mit unserer Lebensmelodie.

MutWort
Ich danke für mein Leben!

Segen für den Tag
Möge mein Tag heute gesegnet sein,
erfüllt von Frieden und großer Dankbarkeit.
Ich staune über das viele Gute, das ich geschenkt bekomme und genießen kann.
Ich lebe im Segen!

Segne die Eine, du meine Lebenskraft! Alles in mir segne ihren heiligen Namen! (Ps 103,2)

DANKEN

Am Abend

Anrufung
In deiner Liebe bin ich aufgehoben
in deiner Nähe werde ich genährt
in deiner stillen Schönheit badet meine Seele
Dir danke ich für diesen Tag meines Lebens
dir danke ich für alles Gute, was du mir und den Meinen schenkst!

Gedanken zum Lebenswort
Alles in der Schöpfung ist vom Segen durchzogen.
Auch mein Leben? Manchmal ist dieser Segensstrom wie verschüttet.
Er ist im Geröll von negativen Gedanken und Haltungen kaum mehr sichtbar.
Was kann ich tun, was will verändert werden, damit der Strom des Segens wieder frei strömen kann?
Damit ich dankbar lebe jeden Tag!

FürDenken
Heute denke ich an die Menschen,
• die es schwer haben mit sich; die sich als Opfer fühlen und die Welt nur noch aus dieser Perspektive sehen können,
• die im Stillen Mangel leiden bei uns und sich dafür schämen, weil ihre Rente nicht reicht,
• die durch Krieg vertrieben wurden und sich nicht willkommen geheißen fühlen bei uns.
Danken heißt Teilen des Guten.

Segne die Eine, du meine Lebenskraft! Alles in mir segne ihren heiligen Namen! (Ps 103,2)

DANKEN

Am Abend

Mutterunser
O Herz des Universums
große Liebe
dein Name klingt mächtig in den Herzen derer, die dich lieben!
Deine Lebenskraft erfasse auch die, denen es an Liebe mangelt
Deine Vision von Frieden und Gerechtigkeit sei mächtiger als
alle Phantasien der Machthungrigen
Und gib uns
dass deine Vision endlich in unserem Leben wahr wird!
Amen

Stille

Segen für die Nacht
Ja, auf dich richte ich mich aus
Große Weisheit und die Mitte in allem
Auf dich richte ich mich aus
am Abend dieses Tages
Wie kann ich danken für das, was mein Leben reich macht
wenn so viele um mich herum Mangel leiden
seelischen und auch materiellen Mangel?
Du sagst: Danken ist teilen!
Segne mein Danken!
Segne mein Teilen!

Segne die Eine, du meine Lebenskraft! Alles in mir segne ihren
heiligen Namen! (Ps 103,2)

RUFEN – SCHREIEN

Am Morgen

Anrufung
Aus der Tiefe rufe ich, Gott, zu dir
am Morgen dieses neuen Tages
Du mein Atem
Du meine Stimme
Aus der Tiefe meines Herzens rufe ich
Aus der Tiefe meiner Seele
Aus der Tiefe

Stille

Lesung
Der klassische erste (Geburts-)Schrei ist ein deutliches Lebenszeichen des neugeborenen Kindes, auf das fast alle Mütter und Väter warten. Das Neugeborene schnappt mit dem Schrei automatisch nach Luft, die Lunge entfaltet sich und der Kreislauf stellt sich auf das Leben außerhalb des Mutterleibs um. Viele Babys hört man schon, sobald der Kopf geboren ist und der Körper erst noch nachgeschoben werden muss.

Ewige, höre die Stimme meines Flehens, ich schreie nach dir, ich hebe meine Hände zum Innersten deines Heiligtums. (Ps 28,2)

RUFEN – SCHREIEN

Am Morgen

Übung
Wie laut kannst du schreien?
Wo könntest du das ausprobieren?
Wer könnte dich darin unterstützen?
Nur wer sich einmal ausgeschrien hat,
kann auch wieder schweigen.

MutWort
Ich trau mich zu schreien!

Segen für den Tag
Meine Stimme segne
meine Worte
Und auch das Ungesagte
im Dazwischen der Sätze
das segne
an diesem Tag

Ewige, höre die Stimme meines Flehens, ich schreie nach dir, ich hebe meine Hände zum Innersten deines Heiligtums. (Ps 28,2)

RUFEN – SCHREIEN

Am Abend

Anrufung
Ich tu mich schwer, Gott
mich mit Schreien bemerkbar zu machen
Aber ich hoffe, du hörst auch mein inneres Rufen?
Denn ich brauche dich
Müde vom Tag bin ich
aufgezehrt ist meine Kraft!

Gedanken zum Lebenswort
Rufen, schreien, weil es ums Leben geht,
weil ich sonst verloren bin.
Wie ein Kind ganz Schreien sein, ganz Bitte.
Warum schäme ich mich, auch zu Gott so unbedingt
um Hilfe zu schreien?
Aus ganzem Herzen!

FürDenken
So viele Menschen, die um das Nötigste rufen:
um Brot,
um Wasser,
um Leben.
Gott, hör ihr Rufen!
Lass auch unsere Herzen nicht dickfellig
verschlossen bleiben.
Gott, hör unser gemeinsames Rufen!

Ewige, höre die Stimme meines Flehens, ich schreie nach dir, ich
hebe meine Hände zum Innersten deines Heiligtums. (Ps 28,2)

RUFEN – SCHREIEN

Am Abend

Mutterunser
Ja, so lässt du dich rufen
So hast du es selbst verfügt
Amma Abba
Mütterliche, väterliche Kraft des Universums
So will ich dich rufen
Höre mich!

Stille

Segen zur Nacht
Mit deinem Segen bedeckt
will ich mein Rufen einrollen
zu mir
Will
mein Schreien wieder einholen
und
meine Stimme bei dir ausruhen lassen

Ewige, höre die Stimme meines Flehens, ich schreie nach dir, ich hebe meine Hände zum Innersten deines Heiligtums. (Ps 28,2)

SCHWEIGEN – STILL SEIN

Am Morgen

Anrufung
Da bist du
unendliche Stille
hinter allem
Tönende klare Stille
unter allem
Tiefe Stille
in allem
Da bist du

Stille

Lesung
Mühe dich nicht zu schweigen.
Hör lieber zu.
Madeleine Delbrêl (1904–1960)

Für dich ist Stille Lobgesang, Gottheit auf dem Zion! (Ps 65,2)

SCHWEIGEN – STILL SEIN

Am Morgen

Übung
Für ein paar Minuten am Morgen wirklich still sein. Still sein – bis auf den Herzensgrund.
Die große Drehorgel der Gedanken abstellen, die unablässige Flut der Stimmen, Geräusche, Erinnerungen loslassen.
Still sein. Ausatmen.
Und die Pause genießen, die folgt.
Und dann einatmen.
Die Große Stille einatmen, die alles umgibt, alles durchdringt,
die hinter allem wartet, eine lebendige, summende Stille
ganz in mich hineinlassen. Mich damit füllen.
Einen Vorrat anlegen für die Zeit von Lärm und Viel-Worten.
Und die Pause wahrnehmen, die folgt.
Und dann wieder ausatmen, dem Strom der Gedanken zuschauen,
am Ufer sitzen und zuschauen und still werden.
Und wieder einatmen.
Diese wunderbare Stille!

Mutwort
Ich höre auf die Stille.

Segen für den Tag
Der Morgenstille mich hinhalten
für einen Augenblick
Nichts tun, nichts denken, nichts wollen
Einfach da sein
Gesegnet der Morgen
Gesegnet die Stille

Für dich ist Stille Lobgesang, Gottheit auf dem Zion! (Ps 65,2)

SCHWEIGEN – STILL SEIN

Am Abend

Anrufung
In deinem stillen Blick
kommen meine wirbelnden Gedanken zur Ruhe
Lass mich vor dir da sein
am Ende dieses Tages
In deinem stillen Blick
voller Liebe

Gedanken zum Lebenswort
Für das Sprechen mit Gott, das wir Beten nennen, braucht es keine Worte.
Es braucht ein offenes Herz und das Strömen von Liebe, hin und her,
so wie der Atem fließt im Ein- und Ausatmen.
Die Geistkraft – das ist der göttliche Atem, der uns lebendig macht.
Sie fließt stärker, wenn wir still werden.
Sie nährt unser Innerstes – auch ohne Worte.
Wenn dann noch ein paar Worte hinzukommen, Bilder, Hinweise,
»Einfälle«, ist es gut. – Mehr braucht es nicht.

FürDenken
- Für die Menschen bitte ich, die die Stille und das Schweigen nicht ertragen und sich ständig ablenken.
- Für die Menschen bitte ich, die durch erlittenes Unrecht, durch Gewalttat und Missbrauch stumm geworden sind.
- Für die Menschen bitte ich, die aus Feigheit schweigen, wo sie besser gesprochen hätten.
- Für die Menschen bitte ich, die den Raum der Stille für andere bauen und sie dazu einladen.

Für dich ist Stille Lobgesang, Gottheit auf dem Zion! (Ps 65,2)

SCHWEIGEN – STILL SEIN

Am Abend

Mutterunser
Die du den Himmel trägst wie ein Gewand
die du wachst auch über unser Leben –
löse uns aus den Verstrickungen
die uns wie Hamster hin- und herlaufen lassen
ohne Ziel und Rast und Ruhe
Lass uns die falschen Versprechungen erkennen
als ob wir dann, wenn alle Arbeit getan ist, frei sind
Lass uns dein Reich jetzt erfahren und leben
inmitten von Arbeit und Trubel und Lärm
gerade jetzt
Amen

Stille

Segen zur Nacht
Wie ein Kind, das sich müde gespielt hat
wie ein Mädchen, das getanzt und gelacht hat mit Freundinnen
wie eine junge Frau, die geliebt wird
wie eine alte Weise, die sich gerne erinnert –
so lass mich diese Nacht in deinem Segen ruhen!

Für dich ist Stille Lobgesang, Gottheit auf dem Zion! (Ps 65,2)

HÖREN

Am Morgen

Anrufung
Dir zuhören, mein Gott
ich dein Wort
mir immer noch unverständlich
Ein Leben reicht nicht aus
es zu buchstabieren
dir zuzuhören
in mir

Stille

Lesung
Sieh hin, hör zu und denke nach, dann wird alles, was du tust, sinnvoll sein.
Indianisches Sprichwort

In der Tat, glücklich sind, die das Wort Gottes hören und bewahren. (Lk 11,28)

HÖREN

Am Morgen

Übung
Ich gehe in den Wald, in den Park oder sonst in die Natur.
Ich konzentriere mich auf meinen Gehörsinn.
Alle anderen Sinne treten zurück. Was höre ich?

- Den Wind in den Bäumen
- einzelne Vogelrufe
- ein Knistern, das ich nicht zuordnen kann
- den fernen Lärm von Autos und Maschinen
- Rufe von Kindern, von Menschen

Auf welche Töne, Geräusche, Melodien reagiere ich positiv?
Wann weitet sich mein Herz? Wann wird es meiner Seele wohl?

MutWort
Ich höre.

Segen für den Tag
Voller Geräusche jeder Tag
voller Betriebsamkeit und Geplätscher vieler Worte
die einfach so dahinrinnen
Möge ich dazwischen hören
Möge ich darunter hören
Segne mein Hören!

In der Tat, glücklich sind, die das Wort Gottes hören und
bewahren. (Lk 11,28)

HÖREN

Am Abend

Anrufung
Ich habe genug gehört heute
Könnte ich meine Ohren verschließen
wie es manche Tiere unter Wasser können – ich täte es
Lass mich bei dir sein
und ausruhen in deiner Stille

Stille

Gedanken zum Lebenswort
Genug gehört –
ist das nicht oft unser Gedanke am Ende eines Tages?
Aber haben wir wirklich gehört? Jemandem Gehör geschenkt, die Wahrheit eines Menschen, eines Lebewesens in dieser Schöpfung durch unser Hören zutage gefördert?
In der Theologie der Frauen gibt es eine Aufforderung, die mir gefällt: »hearing to speech!« – ins Sprechen hören!
Meiner Mitfrau so lange zuhören, bis sie es wagt, aus ihrer Mitte heraus zu sprechen.
Ins Sprechen hören … Hören wir der göttlichen Weisheit so lange zu, bis sie ins Sprechen kommen kann?

FürDenken
An die Menschen denke ich,
- die ständig überhört werden und dadurch verstummen,
- die taubstumm geboren oder taub geworden sind und sich dadurch ausgeschlossen fühlen,
- die den Streit und das Schreien anderer anhören müssen, ohne etwas ändern zu können,
und bitte: Großmütige Liebe, erhöre das Flehen ihres Herzens!

In der Tat, glücklich sind, die das Wort Gottes hören und bewahren. (Lk 11,28).

HÖREN

Am Abend

Mutterunser
MutterVaterunser
Wenn ich zu dir so bete
hörst du mich denn?
Manchmal beschleichen mich Zweifel
ob ich mir nur alles einbilde
wenn ich es so sage
MutterVaterunser
»Im Himmel« – das ist doch ganz schön weit weg von uns
Aber auch auf Erden
finde ich dich nur selten
Lass mich dein Wort
dein Liebeswort
deinen Platzhalter hier auf Erden
finden, aufnehmen, wiederkäuen
hören

Stille

Segen für die Nacht
Lass meine Seele
während sie ruht
dein Wort hören
dein zärtliches
Wort

In der Tat, glücklich sind, die das Wort Gottes hören und bewahren. (Lk 11,28)

ALLEIN SEIN

Am Morgen

Anrufung
Du
bevor das Gedränge des Tages beginnt
einen Augenblick nur
Du
bei dir sein
Du
und ich
allein

Stille

Lesung
Jesus Christus spricht: Niemals kannst du in solchem Gewühl und Gedränge sein, dass, falls du dich aus ganzem Herzen mir zukehrst, du nicht sogleich in der Einsamkeit mit mir wärest.
Mechthild von Hackeborn (1241–1299)

Als Jesus einmal für sich allein gebetet hatte ... (Lk 9,18)

ALLEIN SEIN

Am Morgen

Übung
In der Balance zwischen Alleinsein und Zusammensein mit anderen
hat das nährende Alleinsein oft keinen Platz mehr.
Wie und wo könnte ich in meinem Alltag, mit Beruf, Familie, Ehren-
ämtern, Verpflichtungen, Haushalt, einen Allein-Sein-Raum für mich
schaffen?
Einen Raum, wo ich allein vor der göttlichen Geistkraft da sein darf?
Für die einen ist es die Stunde im Garten, wo sie jäten und gießen.
Für die anderen ein Spaziergang am Morgen durch den Wald.
Am Ende der Woche überprüfe ich, ob ich meinen Allein-Sein-Raum
gefunden und ob ich ihn mit Leben erfüllt habe.

MutWort
Mein Allein-für-mich-Zeitraum ist kostbar!

Segen für den Tag
Möge ich im Getriebe des Alltags
im Trubel meiner Pflichten
im Gefordertsein durch andere
immer wieder meinen Allein-für-mich-Raum finden
Möge mein Allein-für-mich-Zeitraum gesegnet sein

Als Jesus einmal für sich allein gebetet hatte ... (Lk 9,18)

ALLEIN SEIN

Am Abend

Anrufung
Abgekämpft komme ich vor dich
Tiefe Stille
Unendliche Ruhe
Großes Sein
Da bin ich also wieder
allein mit dir
vor dir

Gedanken zum Lebenswort
Das braucht Übung – in jedem Moment meines Lebens, meines Alltags mich immer neu mit der Großen Stille, die hinter allem ist, zu
verbinden. Je mehr wir üben, umso mehr gelingt es. Und umso weniger haben die Erwartungen anderer Zugriff auf unser Innerstes.

FürDenken
Ich denke an Menschen, die ungewollt allein leben, weil es das Leben
so gefügt hat. Dass sie Beziehungen finden, die sie stärken und wertschätzen.

Ich denke an Menschen, die sich im Trubel des Alltags anderer verlieren. Dass sie sich Zeit nehmen für sich und für das Dasein vor dir.

Ich denke an Menschen, denen ein geliebter Mensch gestorben ist
und die das Alleinsein wie eine große Wunde empfinden. Dass sie
trauern können und dadurch neue Lebenskraft bekommen.

Als Jesus einmal für sich allein gebetet hatte ... (Lk 9,18)

ALLEIN SEIN

Am Abend

Mutterunser
Du unser MutterVaterAlles
In dir leben wir
verbunden mit allen
die mit uns auf der großen Reise des Lebens sind
Dein Reich des Friedens und der Gerechtigkeit
will anbrechen in mir, in uns allen
Deine Kraft, deine Schönheit werde offenbar
in mir, in uns allen
Sprich dein Amen dazu
heute Abend

Stille

Segen für die Nacht
Heute fällt das Alleinsein schwer auf mich
wie ein Gewicht, das mich lähmt und meine Lebendigkeit auffrisst
Darum bitte ich umso dringlicher
Lass mich deine Nähe erfahren
Halte mich und sprich zu meinem Herzen
damit es Ruhe findet
in dieser Nacht!

Als Jesus einmal für sich allein gebetet hatte … (Lk 9,18)

ENG SEIN – ANGST HABEN

Am Morgen

Anrufung
Du abgründig Dunkle du
dich rufe ich an!
Der kommende Tag schaut mich undurchdringlich an
Mögliche Worte, Sätze, Entscheidungen
verhallen im Ungehört
Enge ist da, Angst macht mein Atmen eng
Die Gedanken überschlagen sich
Ich horche ratlos in mich hinein …
Die Vision, die mich so lange getragen hat
scheint verglüht zu sein …
Aber jetzt
Du
fasse ich mir ein Herz
und flüstere mich zu dir
in die Stille
ins Licht
in die Weite

Stille

Lesung
Kurz bevor die Sonne aufgeht, ist die Nacht am dunkelsten.
Selma Lagerlöf (1858–1940)

Du stellst meine Füße auf weiten Raum. (Ps 31,9)

ENG SEIN – ANGST HABEN

Am Morgen

Meditation
Was wir anschauen, wird groß.
Was wir lange anschauen, wird übermächtig groß.
Wenn ich die Angst anschaue, kann ich ihr nicht lange standhalten.
Es ist besser, ich wende meinen Blick auf etwas, das mir guttut.
So stelle ich mir vor, wie ich auf einer weiten Wiese laufe.
Vielleicht bin ich gar kein Mensch, sondern ein Pferdefohlen, ein Pony
oder eine Ziege?
Ich bin glücklich, mit anderen zusammen auf dieser Wiese zu sein.
Ich genieße die Sonne, die Weite, den Duft der Wiese.
Ich selbst werde ganz weit.
Mit jedem Atemzug wird mein Herz noch etwas weiter …

MutWort
Mein Herz ist weit!

Segen für den Tag
Ausgezogen
aus den Gehäusen der Angst
wohne ich
im Land des Vertrauens
Jeden Tag neu
wohne ich mich mehr ein
Ich bin eine Bürgerin
im Land des Vertrauens
Segen mir!

Du stellst meine Füße auf weiten Raum. (Ps 31,9)

ENG SEIN – ANGST HABEN

Am Abend

Anrufung
Aus der Enge meines Herzens
zugedeckt mit dem Pflaster meiner Pflichten
rufe ich zu dir
Weitherzig und großmütig bist du
Schenke Großmut und Weite auch mir!

Gedanken zum Lebenswort
Angst macht eng. Das Herz zieht sich zusammen, der Herzraum
schrumpft.
In solchen Situationen, wo wir Angst haben, brauchen wir eine, die zu
uns sagt: Hab Vertrauen! Da ist Raum, auf dem du stehen, ein Weg,
auf dem du gehen kannst. Deshalb – schau nicht auf den ganzen Weg,
nur auf den nächsten Schritt! Und den geh im Vertrauen!
Und schon wird das Herz ruhiger und weiter …

FürDenken
Heute denke ich an Menschen
* die auf der Flucht sind, im Ungewissen leben, sich fremd fühlen,
  bedroht werden,
* die sich in ihren Angstgedanken verheddert haben und den Kreisel
  der Gedanken nicht mehr abstellen können,
* die von Angstbildern geplagt werden, auch wenn äußerlich alles
  o.k. aussieht.
Mögen sie Menschen finden, die ihnen den Weg in die Weite ihres
Lebens zeigen,
Menschen, die sie an der Hand nehmen und geduldig mit ihnen Schritt
für Schritt gehen!
Und mögen sie darin den weiten Raum der göttlichen Liebe spüren!

Du stellst meine Füße auf weiten Raum. (Ps 31,9)

ENG SEIN – ANGST HABEN

Am Abend

Mutterunser
Du geheimnisvolle Liebe
ausgegossen in allem, was ist
ausgegossen auch in unsere Herzen –
Lass uns die Weite spüren
aus der dein Reich besteht
Führe uns aus der Enge
in die wir uns selbst verstrickt haben
Dir vertrauen wir
jetzt und allezeit!

Stille

Segen zur Nacht
Einer hat gesagt:
Kommt her zu mir alle, die ihr mühselig und beladen seid
Ich will euch erquicken
Deshalb
Ich will meine Lasten abladen vor der Ewigen!
Erleichtert und geborgen
gehe ich in diese Nacht
im Segen meines Gottes

Du stellst meine Füße auf weiten Raum. (Ps 31,9)

KLAGEN – TRAUERN

Am Morgen

Anrufung
Stumm bin ich
ausgeweint
und leer
Wie eine Wüste bin ich
dornige Hecken überall
die meine Seele zerfetzen
So
bin ich
vor dir

Stille

Lesung
Der Tod eines geliebten Menschen ist wie das Zurückgeben einer
Kostbarkeit, die uns Gott unverdient lange geliehen hat.
Margarete Seemann (1893–1949)

Sammle meine Tränen in deinen Krug. Ohne Zweifel – du zählst
sie. (Ps 56,9)

KLAGEN – TRAUERN

Am Morgen

Übung
Obwohl wir trauern, müssen wir ja auch arbeiten, »funktionieren«, Geld verdienen, uns um andere kümmern.
Da ist es gut, wenn wir unserer Trauer eine bestimmte Zeit und einen klaren Ort geben!
Zum Beispiel jeden Abend eine Kerze anzünden vor dem Bild des Menschen, den wir betrauern.
Auf den Friedhof gehen und Blumen hinbringen.
An einen Ort gehen, wo ich weinen kann, eine Kirche, einen Platz im Wald.
Menschen suchen und finden, die mir zuhören und mit denen zusammen ich meine Trauer durchlebe.

MutWort
Ich trau mich zu trauern.

Segen für den Tag
Es fällt mir schwer aufzustehen und diesen Tag zu beginnen
Ich sage es ganz offen –
lieber würde ich liegen bleiben und mich wegbeamen
Aber du gibst mir Kraft
Du hilfst mir
Du richtest mich auf
Du belebst mich
Jetzt kann ich für mich stehen – jetzt kann ich gehen
Du begleitest mich in allem Traurigsein
Ich danke dir!

Sammle meine Tränen in deinen Krug. Ohne Zweifel – du zählst sie. (Ps 56,9)

KLAGEN – TRAUERN

Am Abend

Anrufung
Traurig bin ich
zu Boden gedrückt
vom Gewicht der Tränen, die noch geweint werden wollen
Da bin ich
aber es ist kein Trost, kein Ausweg zu sehen
nur Traurigsein und Schwere
Ja, so bin ich …
Aber doch – bei dir!

Gedanken zum Lebenswort
Für alle Trauernden ist es wichtig, sich genügend Zeit zum Trauern, zum Weinen und Klagen zu nehmen.
Dabei helfen Rituale, die wir immer wieder vollziehen.
Es helfen Gespräche mit einem vertrauten Menschen, der zuhören kann.
Und doch ist Trauern ein einsamer Weg. Jede muss ihn für sich gehen.
Aber am Ende werden wir merken, dass wir dadurch stärker geworden sind. Gelebte Trauer macht stark.

FürDenken
Heute denke ich an
• Menschen, die unvorbereitet einen geliebten Menschen verlieren,
• Menschen, die wissen, dass sie todkrank sind, und sich vor diesem Übergang fürchten,
• Menschen, die vor lauter Schmerzen sterben möchten.
Und bitte für sie alle: Wende dich ihnen zu und hilf ihnen, barmherzige Liebe!

Sammle meine Tränen in deinen Krug. Ohne Zweifel – du zählst sie (Ps 56,9)

KLAGEN – TRAUERN

Am Abend

Mutterunser
Du große Liebe
Ja, du trauerst mit uns über unsere Verluste
Du trauerst aber auch über uns
und unsere Versuche, unsere Verluste wettzumachen
zu vergessen, wegzutäuschen
Du trauerst über den Zustand
in dem sich unsere Seelen befinden, unsere Welt
deine Schöpfung
zuschanden gemacht, ihrer Schönheit beraubt
durch Gewalttat und Gier
Hass und Hetze
Mutterunser
du trauerst mit uns
und über uns
Erbarm dich unser!

Stille

Segen für die Nacht
Meine Trauerknäuel
meine verfilzte und verweinte Seele
bring ich vor dich
Du, sei bei mir und lass mich ruhen
in deinem Frieden!

Sammle meine Tränen in deinen Krug. Ohne Zweifel – du zählst sie. (Ps 56,9)

LEER SEIN – ERSCHÖPFT SEIN

Am Morgen

Anrufung
Du Großes Du
Heute bin ich ganz arm vor dir
Schlecht habe ich geschlafen
bin nicht ausgeruht
wie zerschlagen bin ich
Gib mir ab
ich bitte dich
von deiner Fülle des Lebens

Stille

Lesung
Jedes Jahr rückt der »Erd-Erschöpfungstag« im Kalender weiter nach vorne. Ab dann leben wir für den Rest des Jahres auf Kosten der Zukunft.
Der »Erd-Erschöpfungs-Tag« – Wer hat uns ermächtigt, unseren Heimatplaneten so zu plündern, so zu schinden?
Wer hat uns so vergesslich gemacht, dass wir nicht an unsere Enkelinnen und Urenkel denken?
Brigitte Enzner-Probst

Da war die Erde Chaos und Wüste, Dunkelheit war da angesichts der Urflut … (Gen 1,2)

LEER SEIN – ERSCHÖPFT SEIN

Am Morgen

Übung
Die erste Reaktion, wenn ich mich leer fühle, ist –
mich vollzustopfen.
Mit Essen.
Mit Lesen.
Mit Fernsehen.
Mit Telefonieren.
Heute will ich das nicht tun, sondern das Gegenteil probieren.
Ich will mir vorstellen, dass die Leere eine Person sei.
Ich frage sie:
Woher kommst du?
Warum besuchst du mich?
Was kann ich dir anbieten?
Was brauchst du, damit du in Frieden ziehen kannst?

MutWort
Ich darf mich leer fühlen!

Segen für den Tag
Meine Leere segne
fülle sie mit Segen
Mein Erschöpftsein segne
fülle es mit Kraft
Meinen Tag segne
fülle ihn mit Liebe

Da war die Erde Chaos und Wüste, Dunkelheit war da angesichts
der Urflut ... (Gen 1,2)

LEER SEIN – ERSCHÖPFT SEIN

Am Abend

Anrufung
Leer bin ich vor dir
ohne Kraft – ausgeschöpft – erschöpft
Und doch ... so darf ich sein
vor dir

Gedanken zum Lebenswort
Es gibt ein trauriges, bedrohliches Leersein. Das Ende aller Kraft kündigt sich an. Die seelische Struktur zerfließt. Bei dieser Form von Leersein brauche ich Hilfe von außen.
Aber es gibt auch ein Leersein, das gut und notwendig ist.
Es ist ein Zustand wie nach dem Hinausschaffen von Müll, dem Äußern längst überfälliger Worte. Die seelische Struktur wird stabiler, klarer. Ich gewinne Kraft!
Es ist wie am Anfang der Schöpfung. Auch die Erde war »wüst und leer« – und daraus ist etwas Wunderbares geworden!

FürDenken
Heute denke ich an
- die Tiere, deren Opferbereitschaft wir maßlos erschöpfen. Lehre uns, ihr Opfer dankbar anzunehmen und ihre Würde zu achten.
- die Alleinerziehenden. Dass sie Oasen der Stille und Erholung auch für sich finden.
- die Menschen im Burnout. Gib ihnen Einsicht, wie es dazu kommen konnte. Gib ihnen gute BegleiterInnen, die ihnen heraushelfen.

Da war die Erde Chaos und Wüste, Dunkelheit war da angesichts der Urflut ... (Gen 1,2)

LEER SEIN – ERSCHÖPFT SEIN

Am Abend

Mutterunser
ChristusSophia
Was soll ich noch sagen, was tun?
Als Einzelne bin ich ein Sandkorn
in einer Wüste von Kurzsicht und Unverstand
bin ein Wassertropfen im Meer der Gier
Dein Wille zum Leben aber
der in deiner Schöpfung so sichtbar ist
sei stärker
bitte ich
Deine Suche nach Wohlsein für alle
für Frieden und Gerechtigkeit
sei umfassender als alle unsere Eigensüchte
bitte ich
Und gib uns allen die Kraft umzukehren
bitte ich
Amen

Stille

Segen zur Nacht
Eine ruhige Nacht
und ein seliges Ende
schenke uns die allgegenwärtige Liebe
Geistkraft und Weisheit
in dieser Nacht
und am Ende aller Tage

Da war die Erde Chaos und Wüste, Dunkelheit war da angesichts
der Urflut ... (Gen 1,2)

DUNKEL SEIN

Am Morgen

Anrufung
Göttliches Dunkel
Du
Dir entgegenlauschen
Dem sternübersäten Schweigen
mein Wort-Licht entlocken
Es im Herzen tragen
und es der Welt bringen
als ein Licht-Wort

Stille

Lesung
Ich sagte zu dem Engel,
der an der Pforte des neuen Jahres stand:
gib mir ein Licht,
damit ich sicheren Fußes der Ungewissheit
entgegengehen kann!
Aber er antwortete:
Gehe nur hin in die Dunkelheit
Und lege deine Hand in die Hand Gottes!
Das ist besser als ein Licht
Und sicherer als ein bekannter Weg!
Aus China

Wenn Finsternis tief meinen Weg umgibt, Böses fürchte ich nicht. Ja, du bist bei mir, dein Stab und deine Stütze – sie lassen mich aufatmen. (Ps 23,4)

DUNKEL SEIN

Am Morgen

Übung
Ich schließe die Augen und gehe in eine Situation meiner Kindheit, in
der es dunkel war, in der ich mich gefürchtet habe.
Aber jetzt gehe ich als Erwachsene in diese Situation und begleite das
Mädchen von damals.
Ich halte eine Taschenlampe in der Hand.
Wir leuchten alle Ecken aus, schauen überall nach.
Da ist nichts, sage ich als Erwachsene zu dem Mädchen von damals.
Und vor allem: Ich bin ja bei dir!

MutWort
Ich sage Ja zu meinen Dunkelheiten!

Segen für den Tag
Möge das Licht deiner Liebe
mich erleuchten
an diesem Tag
Mögen meine Dunkelheiten
fruchtbar sein!

Wenn Finsternis tief meinen Weg umgibt, Böses fürchte ich
nicht. Ja, du bist bei mir, dein Stab und deine Stütze – sie lassen
mich aufatmen. (Ps 23,4)

DUNKEL SEIN

Am Abend

Anrufung
Die du die Nacht schufst
die glitzernde, die samtschwarze, die bedrückende
die undurchdringliche
Die du die Nacht schufst
sei mir nahe
im Dunkel auch dieser Nacht!

Gedanken zum Lebenswort
Im Finstern gehen, ohne Lampe, macht unsicher. Wo trete ich hin?
Zögernd gehe ich, bedrückt. Wie gut, wenn da jemand neben mir
geht. Zu zweit stürzen wir nicht so leicht.
Ich darf die Engel meines Lebens zu Hilfe rufen, wenn ich im Dunkel
meines Lebens tappe. Ich darf sie um ihre Begleitung bitten. Sie sind
mächtige Helfende, die den Weg kennen.

FürDenken
Wo anfangen und wo aufhören zu bitten, wenn ich das Dunkel und
die Leiden dieser seufzenden Schöpfung erinnere?
- Für alle Tiere, die in dunklen Ställen eingesperrt sind – bitte ich um
  Befreiung und ein Leben in Würde!
- Für alle Menschen in psychiatrischen Krankenhäusern, eingeschlos-
  sen in ihren Ängsten und Wahnvorstellungen – bitte ich um Hei-
  lung!
- Für alle, die das Dunkel ihrer Seele schwer aushalten – bitte ich um
  Licht!

Wenn Finsternis tief meinen Weg umgibt, Böses fürchte ich
nicht. Ja, du bist bei mir, dein Stab und deine Stütze – sie lassen
mich aufatmen. (Ps 23,4)

DUNKEL SEIN

Am Abend

Mutterunser
Gepriesen und geheiligt werde dein Name
Schöpferin des Alls
Dein Name
Heilig in den Schatten der Eisberge
Heilig in den Hagelschauern des kalten Lichts
Heilig auch in den Schatten meines Lebens
in den unbewussten Tiefen meines Seins
Dein Name heilig
in den langen Tagen der Menschen, die vor mir waren
Heilig auch in den Menschen
die nichts von dir zu wissen scheinen
Heilig sei dein Name in denen
die nach uns kommen werden

Stille

Segen zur Nacht
Wenn ich nun eintrete in die Stille dieser Nacht
lasse ich zurück, was mich beschwert
lasse ich zurück alle Sorgen
lasse ich zurück alle Arbeit
Ich kehre ein zu dir – Schöpferin des Lebens
in dein Dunkel
in deinen Frieden

Wenn Finsternis tief meinen Weg umgibt, Böses fürchte ich
nicht. Ja, du bist bei mir, dein Stab und deine Stütze – sie lassen
mich aufatmen. (Ps 23,4)

STERBEN – SCHWINDEN

Am Morgen

Anrufung
Auch im Schwinden meiner Kräfte
bin ich immer bei dir, Ewige
Im Einatmen und Ausatmen
im Nehmen und Wachsen
im Loslassen und Schwinden
bin ich
doch immer bei dir

Stille

Lesung
Ein Blatt nur bin ich an einem Herbst-Baum.
Wir rasch doch, buntgefärbt,
leicht löst sich das Blatt vom Zweig.
Buntgefärbt zwar, aber doch löst es sich,
tanzt es zu Boden.
Ein Blatt bin ich – bereit zum Tanz?
Bin ich bereit zum Tanz?
Aber der Baum bleibt.
Brigitte Enzner-Probst

So kommt doch alle zu mir, die ihr euch abmüht und belastet
seid. Ich will euch ausruhen lassen. (Mt 11,28)

STERBEN – SCHWINDEN

Am Morgen

Übung
Heute räume ich auf, sortiere, mustere aus.
Was brauche ich nicht mehr?
Was habe ich schon lange nicht mehr benutzt?
Wem könnte es noch etwas bringen?
Ich bin bereit loszulassen, zu verschenken, leichter zu werden.

MutWort
Ich lasse diesen Tag gehen!

Segen für den Tag
Meinen Tag segne
meinen müden Tag
Meine Kraft segne
meine kleine Kraft
Meinen Mut segne
meinen schwindenden Mut
heute an diesem Tag

So kommt doch alle zu mir, die ihr euch abmüht und belastet seid. Ich will euch ausruhen lassen. (Mt 11,28)

STERBEN – SCHWINDEN

Am Abend

Anrufung
Beim Schwinden des Tageslichts
beim Zu-Ende-Gehen meiner Kräfte für diesen Tag
denke ich an dich
richte ich mich aus auf dich
Du bleibst auch im Schwinden meines Lebens
an meiner Seite!

Gedanken zum Lebenswort
Unsere Gesellschaft ist so einlinig auf Wachsen, auf Mehr-Wert und Mehrwerden ausgerichtet, dass wir mit dem Wenigerwerden, dem Schwinden und Sterben nichts mehr anfangen können. Aber gerade darin liegt der Rhythmus des Lebens. In diesen einzustimmen ist Freude. Im Einklang mit diesem großen Rhythmus des Lebens finden wir Frieden.

FürDenken
Ich denke an alle
- einsam Sterbenden, die in Schmerzen, in Not und Qual ihre letzten Stunden zubringen,
- die durch einen Unfall aus dem Leben gerissen werden,
- die ihre Angehörigen leiden sehen und nicht helfen können,
- Ärztinnen und Ärzte, Krankenschwestern und -pfleger
und bitte für sie.
Barmherzige Liebe, steh ihnen bei, stärke sie und lass sie deine Liebe spüren!

So kommt doch alle zu mir, die ihr euch abmüht und belastet seid. Ich will euch ausruhen lassen. (Mt 11,28)

STERBEN – SCHWINDEN

Am Abend

Mutterunser
Du unser Zielort und unsere Heimat
auf der Reise unseres Lebens
Unsere MutterVaterAlles
Nie fallen wir aus deiner Hand
nicht im Wachsen und nicht im Schwinden
nicht im Leben und nicht im Sterben
Dein Reich und deine Liebe sind
stärker als aller Kummer
Deine Kraft zeigt sich gerade dann
wenn wir schwach sind

Stille

Segen zur Nacht
Eine fröhliche Nacht und ein glückliches Ende
schenke mir Gott
Gott rufe mich nicht unverhofft
Sie schenke mir Zeit
mich zu schmücken
meine Wegzehrung einzupacken
meine Tasche zu füllen
die Wohnung aufzuräumen
mich von meinen Lieben zu verabschieden
und das Lebenshaus abzuschließen
wenn ich die Große Reise beginne
nach Hause

So kommt doch alle zu mir, die ihr euch abmüht und belastet
seid. Ich will euch ausruhen lassen. (Mt 11,28)

NEU WERDEN – VERWANDELT WERDEN

Am Morgen

Anrufung
Mit diesem neuen Tag
rufe mich
neu ins Leben
Du

Stille

Lesung
Ich wünschte, es gäbe einen Ort des Neubeginns, wo wir all unsere
Fehler, all unser Selbstmitleid, all das, was unser Herz zu brechen
droht, fallen lassen können wie einen schäbigen alten Mantel, den wir
nie mehr anziehen müssen.

Alle, die mit Christus verbunden sind, sind neu erschaffen. Das
Erste ging vorüber, seht: Neues kam zur Welt. (2 Kor 5,17)

NEU WERDEN – VERWANDELT WERDEN

Am Morgen

Meditation
Im Märchen vom Jungbrunnen fließt wundersames Wasser in ein Bassin. Auf der einen Seite steigen alte, kranke Menschen hinein. Auf der anderen Seite hüpfen sie verjüngt ins Leben!
Auch ich stehe am Rand des Bassins. Zaghaft strecke ich zuerst einen Fuß in das Becken, dann beide Füße. Schließlich tauche ich ganz in das Wasser ein. Ich spüre, wie sich mein Körper verändert. Jugendliche Spannkraft pulsiert in meinem Körper!
Auch meine Seele verjüngt sich. Neugier und Offenheit lassen mein Gesicht hell werden. Verkniffene Falten, hängende Mundwinkel heben sich. Und mein Herzraum weitet sich. So viel Ballast und Müll, Sorgen-Spinnfäden, die mein Lächeln verkleistern, neidischer Kleingeist verschwinden. Durch das Wunder-Wasser wird alles herausgeschwemmt …
Ich fühle mich leicht und weit, frei und neu!

MutWort
Ich fühle mich wie neugeboren!

Segen für den Tag
Alles Widrige um mich
alles Kleinliche und Enge in mir
möge verwandelt werden
in Weite und Großmut
damit ich Neues willkommen heiße
und bereit bin
zur Wandlung!

Alle, die mit Christus verbunden sind, sind neu erschaffen. Das Erste ging vorüber, seht: Neues kam zur Welt. (2 Kor 5,17)

NEU WERDEN – VERWANDELT WERDEN

Am Abend

Anrufung
Du immerdar und immerdar
Neues schaffende
Kraft des Universums
Zeugend und gebärend
verwandelst du immerfort, was ist, in überraschend Neues
Lass mich teilhaben an deiner
erneuernden Kraft
jeden Tag
neu

Gedanken zum Lebenswort
Wie das ist, »in jemandem sein« – das erfährt eine schwangere Frau.
Ihr Kind lebt für eine begrenzte Zeit in ihr, mit ihr, von ihr – und ist
doch auf der anderen Seite ein ganz eigenes Wesen.
So auch ist es mit ChristusSophia. Glauben und vertrauen heißt, sich
so auf diese Christuswirklichkeit verlassen, wie ein Kind im Bauch der
Mutter sich ganz auf sie verlässt.
Ein sehr weibliches Bild also.
Glauben und Vertrauen sind kreative Kräfte, die neues Leben inmitten
des alten erschaffen!

FürDenken
Heute will ich an die Menschen denken, die nicht loslassen können
• von ihrem Haus und Garten
• von ihrem Besitz und ihren Leistungen
Möge die Liebe, die sich in diesem Festhalten zeigt, bereit werden,
sich neu zu investieren.

Alle, die mit Christus verbunden sind, sind neu erschaffen. Das
Erste ging vorüber, seht: Neues kam zur Welt. (2 Kor 5,17)

NEU WERDEN – VERWANDELT WERDEN

Am Abend

Mutterunser
Du große Kraft des Friedens
In jedem Augenblick
erschaffst du neu
führst du fort
was du begonnen hast
Lass auch uns frei werden
von den Verstrickungen
die uns am Leben hindern
Lass uns zu Mitschöpferinnen
deines Friedens werden
Amen

Stille

Segen zur Nacht
Müde und staubig vom Tag
so ist meine Seele
Da bitte ich dich, freundlicher Christus:
Wasche sie im Strom deines Segens
Erneuere mich und sie
in dieser Nacht

Alle, die mit Christus verbunden sind, sind neu erschaffen. Das Erste ging vorüber, seht: Neues kam zur Welt. (2 Kor 5,17)

WARTEN – ERWARTEN

Am Morgen

Anrufung
Im Garten der Wandlung
sitze ich still
und warte
auf Worte der Weisung
auf den Blick, der ins Herz trifft
auf die kostbare Stille
Im Garten der Wandlung
warte ich auf Weisheit
die im Herzen spricht

Stille

Lesung
Man sollte nicht ängstlich fragen: Was wird und kann noch kommen?
Sondern sagen: Ich bin gespannt, was Gott mit mir vorhat.
Selma Lagerlöf (1858–1940)

Ewige – morgens mache ich mich für dich bereit und halte
Ausschau. (Ps 5,4)

WARTEN – ERWARTEN

Am Morgen

Übung
Was wünsche ich mir sehr und von Herzen?
Es ist gleichgültig, ob dies ein Gegenstand, ein Mensch, ein Zustand, ein Ereignis ist.
Ich stelle es mir bildlich vor die Augen meines Herzens.
Und jetzt spüre ich, wie ein Herzensband mich und diesen Wunsch verbindet.
Ich spüre den Zug, die Spannung zwischen diesem Wunsch und mir.
Ich halte diese Spannung aus.
Ich will dieses Band nicht zerschneiden, nicht loslassen.
Ich will es aber auch nicht mit geballter Kraft zu mir herziehen.
Dieses Band lehrt mich, Schritte zu tun in die richtige Richtung.
Wann immer ich unsicher bin – die Spannung, die Erwartung dieses Wunsches lehrt mich, ob der nächste Schritt richtig ist.

MutWort
Ich warte auf das Gute!

Segen für den Tag
Gesegnet
die Stille vor allem Tun
das Dasein
das Lauschen
Gesegnet das Warten
Gesegnet die Freude

Ewige – morgens mache ich mich für dich bereit und halte Ausschau. (Ps 5,4)

WARTEN – ERWARTEN

Am Abend

Anrufung
Komm, ja komm auch zu mir
du Gesegnete
Komm und tritt bei mir ein an diesem Abend
Zögere nicht, auch wenn ich keine Zeit hatte
groß in mir aufzuräumen
Lass dich nieder bei mir
zwischen den Bergen von Papier und Arbeit
zwischen Kochen und Backen
zwischen Kindern, Haushalt und Beruf
Komm und teile mir aus deine Segensgaben
siebenfältig des Geistes
Freundin der Seelen
ich warte auf dich

Gedanken zum Lebenswort
Unser Leben ist immer ein doppeltes – ein Sein in Gott und zugleich
ein beständiges Warten auf Gott. In dieser Spannung, in diesem Zwie-
spalt wächst der Glaube.

FürDenken
Heute denke ich an Menschen, die von Sorgen erdrückt werden und
deren Bitten scheinbar im Nichts verhallen.
• Lass sie Menschen treffen, die ihnen hilfreich sind.
• Lass sie etwas von deinem Licht sehen, das durch alle Dunkelheiten
  scheint.

Ewige – morgens mache ich mich für dich bereit und halte
Ausschau. (Ps 5,4)

WARTEN – ERWARTEN

Am Abend

Mutterunser
Sehnlichst Erwartete
Angerufen und in tausend Bildern
vor die Seele der Menschheit gestellt
Zeig dich uns, die wir bitten
als MutterVaterUrbild von allem
Du kommst immer neu an
in uns
bei uns
Und bist doch immer schon da
wartest in uns
auf uns

Stille

Segen für die Nacht
Nach getaner Arbeit
nach so vielem Reden
Sitze ich und warte
auf meine Seele
dass sie wieder auffliegt
wie ein Adlerjunges
in ihre Zukunft
Dass sie Kraft hat, mich zu tragen
Gesegnet das Warten
Gesegnet die Flügel

Ewige – morgens mache ich mich für dich bereit und halte
Ausschau. (Ps 5,4)

GEBÄREN – ZUR WELT BRINGEN

Am Morgen

Anrufung
Vor langer Zeit
noch ehe ich das Licht der Welt erblickte
erblicktest du mich
Jetzt bitte ich wieder –
schau auf mich
damit ich lebe
Bring mich zur Welt
an diesem Tag

Stille

Lesung
Die Stunde ist kostbar. Warte nicht auf die spätere, gelegenere Zeit.
Katharina von Siena (1347–1380)

Das Kind göttlicher Liebe ist Anfang, erstgeboren aus den Toten,
damit es in allem vorausgehe. (Kol 1,18)

GEBÄREN – ZUR WELT BRINGEN

Am Morgen

Übung
Ich singe meinen Namen und betone die Vokale.
I ist ganz hoch, e in der oberen Kehle, a im Brustraum, o im Bauch und
u ganz unten.
Wie fühlt sich das an?
Bin ich mit meinem Namen zufrieden?

MutWort
Ich sage Ja zu meinem Leben!

Segen für den Tag
Möge die Schwelle gesegnet sein
Möge Frucht schwellen
Mögen sich Welten öffnen
Möge geboren werden
was hinausdrängt
Möge ich zur Welt bringen
was sie braucht

Das Kind göttlicher Liebe ist Anfang, erstgeboren aus den Toten,
damit es in allem vorausgehe. (Kol 1,18)

GEBÄREN – ZUR WELT BRINGEN

Am Abend

Anrufung
Diesen Tag
bring ich zurück
und mich mit dazu
Habe ich Leben vermehrt?
Habe ich Liebe verschenkt?
Da bin ich
wie immer
vor dir

Gedanken zum Lebenswort
Es genügt nicht, physisch geboren zu sein. Wir brauchen es, dass andere mit ihrer Zuwendung uns auch mit unserer Seele zur Welt bringen.
Mit jedem Kind kommt ein einzigartiges Wesen in die Welt.
Gott kennt unser Wesen, unseren Namen.
Die göttliche Liebe ruft uns jeden Tag neu ins Leben.
Damit wir als Töchter und Söhne Gottes in Liebe antworten können.

FürDenken
- Für alle schwangeren Frauen – bitten wir um Beistand, Gott!
- Für alle Gebärenden – bitten wir um Beistand, Gott!
- Für alle Hebammen, Ärztinnen – bitten wir um Beistand, Gott!
- Für alle schützenden Männer – bitten wir um Beistand, Gott!
- Für unsere Welt in Geburtsnöten – bitten wir um Beistand, Gott!
- Für unser Lebensende – bitten wir dich um Beistand, Gott!

Das Kind göttlicher Liebe ist Anfang, erstgeboren aus den Toten, damit es in allem vorausgehe. (Kol 1,18)

GEBÄREN – ZUR WELT BRINGEN

Am Abend

Mutterunser
Du unsere Mutter
über allem und in allem
Deine Schöpfung ist noch nicht ganz fertig
Seit dem Morgengrauen der Zeit
liegst du in Wehen
stöhnst und arbeitest
damit eine Welt in Frieden und Gerechtigkeit
geboren werde!
Lass uns deine Mitarbeiterinnen sein
bitte ich
Hebammen des Friedens
Ziehmütter der Gerechtigkeit
dass dein Reich des Friedens
endlich das Licht der Welt erblicke!

Stille

Segen zur Nacht
So wie du uns in diese Welt gebracht hast
lebendige Gottheit
und diesen Tag hast verleben lassen
so halte auch das Ende dieses Tages
und das Ende unseres Lebens
in deiner guten Hand!

Das Kind göttlicher Liebe ist Anfang, erstgeboren aus den Toten, damit es in allem vorausgehe. (Kol 1,18)

SEGNEN

Am Morgen

Anrufung
Gott, du Freundliche
dir zeige ich
meine Bedürftigkeiten
meine Seelenlöcher
meine ausgefransten Lebensmuster
Fülle mich
Erneuere mich
Stärke mich

Stille

Lesung
Eine Frau, die ihr Herdfeuer entzündet, spricht:
Ich zünde heute Morgen mein Feuer an
in Gegenwart der heiligen Engel.
Ich zünde es an ohne böse Gedanken,
ohne Neid, ohne Eifersucht, ohne Furcht,
mit dem Wunsch,
Gottes Sonne möge mich beschützen.
Gott, zünde du innen in meinem Herzen die Flamme an:
Liebe zu meinem Nachbarn, zu Freunden und Feinden,
zu meinen Verwandten, zu den Guten und zu den Schurken.
Der Sohn der Maria, der Schönen, gab sie mir:
Liebe zum geringsten Geschöpf
und zum höchsten Namen.
Keltischer Segen

Gott spricht zu Abraham: Ich segne sie, Sara, und ich gebe dir
auch von ihr einen Sohn ... (Gen 17,16)

SEGNEN

Am Morgen

Übung
Ich gehe auf der Straße oder bin beim Einkaufen und sehe Menschen.
Sofort scanne ich sie mit einem Blick. Wie sehen sie aus? Sind sie
freundlich, positiv? Oder hässlich, stinkend, komisch? Ich urteile und
richte in einem fort!
Heute dagegen will ich diesen Automatismus unterbrechen. Ich will
lernen zu segnen. Wer immer mir begegnet, worauf mein Blick fällt (es
müssen ja nicht immer Menschen sein), die oder das segne ich, davon
spreche ich Gutes (benedicere heißt »gut von jemandem oder etwas
sprechen«).
Ich merke, wie ich müde werde.
Segnen braucht Kraft.

MutWort
Ich segne, die mir heute begegnen.

Segen für den Tag
Fülle mich mit deinem Segen
an diesem Tag
Baue um mich einen Raum des Segens
in dem ich wohne
in den ich einlade
aus dem ich überfließend
weitergebe
Segne mich!

Gott spricht zu Abraham: Ich segne sie, Sara, und ich gebe dir
auch von ihr einen Sohn ... (Gen 17,16)

SEGNEN

Am Abend

Anrufung
Du überfließendes Du
vom Strom deines Segens lasse ich mich tragen
alles Kleingeistige wasche du weg –
alles Enge, Verknöcherte schwemme aus
Segen fließe über mich und Segen fließe in mich

Gedanken zum Lebenswort
- Segen ist ein Lebensstrom, ein Fließen von Kraft und Fülle.
  Die, die gesegnet sind, fließen über von Segen, teilen aus davon,
  stecken an, machen Mut, sich diesem Segen zu öffnen.
- Segen will geteilt werden. Er wird kraftvoller, wirksamer,
  wenn ich ihn austeile und nicht für mich behalte.
- Segen schützt auch. Für mich ist gesorgt. Ich lebe im Land des Vertrauens und des Segens.
- Segen stärkt und nährt. Er verbindet mich immer tiefer mit der
  Quelle des Lebens, der göttlichen Weisheit und Liebe.

FürDenken
Heute denke ich an alle
- die in einer Sorgenspirale gefangen sind
- die alles nur schwarzsehen
- die voller Misstrauen ihre Tage zubringen
- die ängstlich jeden Schritt abwägen
- die sich nach Liebe sehnen und sie nicht nehmen können
Möge der kraftvolle Segensstrom der göttlichen Liebe sie alle erfassen,
nähren und ins Leben führen!

Gott spricht zu Abraham: Ich segne sie, Sara, und ich gebe dir
auch von ihr einen Sohn ... (Gen 17,16)

SEGNEN

Am Abend

Mutterunser
Du Quelle des Segens
unerschöpfliche Liebe
ChristusSophia
Ewiges Du
Dein Wesensname ist kostbar in allem
Dein Strom des Segens erfasse alles, was ist
Dein Segensstrom schwemme
alle Hindernisse hinweg
und löse die Verstrickungen auf
die uns am Leben hindern
Dir sei Ehre immer und bis ans Ende der Zeiten
Amen

Stille

Segen zur Nacht
Müde kehre ich zu dir zurück
Mein Gott –
was für ein Tag!
So viel getan und noch so viel zu tun!
Und trotzdem jetzt:
Ich lasse los
und gebe mich selbst
in deine Hand

Gott spricht zu Abraham: Ich segne sie, Sara, und ich gebe dir auch von ihr einen Sohn … (Gen 17,16)

SUCHEN UND FINDEN

STICHWORTVERZEICHNIS

Die Verweise beziehen sich auf die jeweiligen Wochen.

BIBELSTELLENVERZEICHNIS

Die Verweise beziehen sich auf die jeweiligen Wochen.

Gen 1,1	1		Mt 6,26	13
Gen 1,2	47		Mt 8,8	9
Gen 2,7	3		Mt 9,38	39
Gen 17,16	53		Mt 11,28	49
Gen 18,12	36			
			Mk 4,40	4
Ex 3,14	33		Mk 7,23	2
Ex 13,21	30			
Ex 15,20	27		Lk 6,20	18
Ex 23,12	11		Lk 9,18	44
			Lk 11,28	43
Dtn 6,5	29			
			Joh 6,35	24
Jdt 16,1	12		Joh 14,6	5
Ps 1,3	15		Apg 17,27–28	32
Ps 4,9	31			
Ps 5,4	51		Röm 5,5	10
Ps 23,4	48		Röm 8,21	35
Ps 27,1	7			
Ps 28,2	41		1 Kor 13,1	21
Ps 31,9	45			
Ps 42,5	26		2 Kor 5,17	50
Ps 56,9	46			
Ps 65,2	42		Gal 3,28	38
Ps 103,2	40			
Ps 103,2–3	17, 25		Eph 4,15	19
Ps 123,2	6			
Ps 126,5	14		Kol 1,18	52
			Kol 2,3	8
Jes 12,3	34			
Jes 35,1	20		Hebr 6,7	37
Jes 55,12	28			
			Jak 1,22	16
Am 5,21	23			
			1 Joh 4,7	22

QUELLENNACHWEIS

Die Quellenangaben beziehen sich auf die Lesungstexte der genannten Wochen. Sämtliche Bibelstellen sind entnommen aus: Dr. Ulrike Bail/Frank Crüsemann/ Marlene Crüsemann (Hg.), Bibel in gerechter Sprache © 2006, Gütersloher Verlagshaus, Gütersloh, in der Verlagsgruppe Random House GmbH

1. Woche: Teresa von Avila
2. Woche: Hadewijch
3. Woche: © Brigitte Enzner-Probst
4. Woche: Marie von Ebner-Eschenbach
5. Woche: Teresa von Avila
6. Woche: Chinesisches Sprichwort
7. Woche: Irisches Sprichwort
8. Woche: in: Annette Esser (Hg.), Die Kirchenlehrerin Hildegard von Bingen, epubli GMBH, Berlin, darin Annette Esser, Hildegards visionäre Theologie, 143–204, 182. Übersetzung: © Annette Esser
9. Woche: © Brigitte Enzner-Probst
10. Woche: Mechthild von Magdeburg, zitiert nach: »Das fließende Licht der Gottheit« I, 17. (Die Seele lobt Gott an fünf Dingen), Übersetzung Margot Schmidt, Benziger Verlag, Einsiedeln-Zürich-Köln 1955, 53–59, in: Helga Unger, Hg., Der Berg der Liebe, Europäische Frauenmystik, Herder frauenforum, Freiburg-Basel-Wien 1991, 103
11. Woche: Nach Informationen aus dem Internet: Gefunden unter https:// www.wissen.de/wortherkunft/arbeit, Zugriff: 18.2.2019, und https:// de.wikipedia.org/wiki/Arbeit_(Sozialwissenschaften), Zugriff 18.2.2019. Formulierung: Brigitte Enzner-Probst
12. Woche: Elizabeth Barrett Browning
13. Woche: © Brigitte Enzner-Probst
14. Woche: Aus Südafrika
15. Woche: Anonym / Lebensweisheit
16. Woche: Dorothea Brande
17. Woche: Marie von Ebner-Eschenbach
18. Woche: Malwida von Meysenbug
19. Woche: Aus Irland
20. Woche: Simone Weil
21. Woche: Mechthild von Magdeburg, zitiert nach: Eine Höhe, über die nichts geht, Frauenmystik, hg. Margot Schmidt/Dieter R. Bauer, Stuttgart-Bad Cannstatt, frommann-holzboog Verlag 1986, 125
22. Woche: Gefunden in: SZ Nr 187, Do 16.8.2018
23. Woche: Gertrud die Große
24. Woche: Mechthild von Magdeburg, Offenbarungen, Buch V, Abschn. 13. Hier zitiert nach: Friedrich Heiler. Das Gebet: Eine religionsgeschichtliche und religionspsychologische Untersuchung, Ernst Reinhardt Verlag, München ³1921

25. *Woche:*   Aus: Schlussgottesdienst zur Ökumenischen Dekade in Harare, Simbabwe, 1998

26. *Woche:*   Rahel Varnhagen

27. *Woche:*   Madeleine Delbrêl, aus dem Gedicht »Der Ball des Gehorsams«, in Madeleine Delbrêl, Gott einen Ort sichern, Topos-Taschenbuch 1122, Verlagsgemeinschaft topos plus, Kevelaer 5. Aufl. 2018, S. 76. Im französischen Original, in: Madeleine Delbrêl, Humour dans l'amour. 3e tome des Œuvres Complètes,: Nouvelle Cité, Paris, 29f

28. *Woche:*   Edith Södergran

29. *Woche:*   Rahel Varnhagen

30. *Woche:*   Helen Miller

31. *Woche:*   Teresa von Avila

32. *Woche:*   Helen Keller

33. *Woche:*   Hildegard von Bingen, Liber Divinorum operum (LDO), erste Schau), zitiert nach: Hildegard Strickerschmidt, Hildegard von Bingen. Prophetin, Mystikerin, Heilerin – Ein biografisches Lesebuch, Leipzig 2013

34. *Woche:*   Brigitte Enzner-Probst

35. *Woche:*   Brigitte Enzner-Probst

36. *Woche:*   Dr. Ulrike Bail/Frank Crüsemann/Marlene Crüsemann (Hg.), Bibel in gerechter Sprache © 2006, Gütersloher Verlagshaus, Gütersloh, in der Verlagsgruppe Random House GmbH

37. *Woche:*   Brigitte Enzner-Probst

38. *Woche:*   Hildegard von Bingen

39. *Woche:*   Bettina von Arnim

40. *Woche:*   Lebensweisheit

41. Woche: Phänomenologie des Geburtsschreis: https://www.swissmom.ch/baby/medizinisches/das-neugeborene/der-erste-schrei

42. *Woche:*   Madeleine Delbrêl

43. *Woche:*   Indianisches Sprichwort

44. *Woche:*   Mechthild von Hackeborn, zitiert nach: Gabriela Signori, Das 13. Jahrhundert. Eine Einführung in die Geschichte des spätmittelalterlichen Europas, Kohlhammer, Stuttgart 2007, S. 83

45. *Woche:*   Selma Lagerlöf

46. *Woche:*   Margarete Seemann

47. *Woche:*   Brigitte Enzner-Probst

48. *Woche:*   Aus China

49. *Woche:*   © Brigitte Enzner-Probst

50. *Woche:*   Verändert nach: Symphonia Oecumenia. Feiern mit den Kirchen der Welt, hg. von D. Werner/B. Aebi/F. Baltruweit Gütersloh [3]Aufl. 2004, S. 684

51. *Woche:*   Selma Lagerlöf

52. *Woche:*   Katharina von Siena

53. *Woche:*   Keltischer Segen

ZUR AUTORIN

Geboren 1949, bin ich mit drei Berufen, drei Kindern und drei Enkelinnen gesegnet – unterstützt und begleitet von meinem Mann. Er gibt meiner Kreativität Raum, wofür ich ihm sehr dankbar bin.

Als eine der ersten Pfarrerinnen unserer Kirche war ich in verschiedenen Gemeinden tätig und habe als Theologische Referentin das Frauenreferat unserer Kirche mit aufgebaut – die Beschreibung der ersten 10 Jahre erscheint gerade unter dem Titel »Mit Geistkraft und Mut«! Als Gastprofessorin, Privatdozentin und Lehrbeauftragte an den Universitäten von Berlin und Bern konnte ich meine Erfahrungen praktisch-theologisch reflektieren, etwa in dem Buch »Pfarrerin. Als Frau in einem Männerberuf« oder in meiner Habilitationsschrift »Frauenliturgien als Performance«, neu aufgelegt unter »Frauenliturgien neu entdeckt«.

Schon immer schreibe ich spirituelle, gottespoetische Texte. Sie versuchen, das göttliche Geheimnis zwischen den Zeilen erfahrbar zu machen. Der Frauenkirchenkalender, den ich vor 30 Jahren gegründet und lange Jahre als Herausgeberin und Redakteurin gestaltet habe, war und ist eine Fundgrube für gottespoetische Texte von Frauen. So ist auch die Idee zu diesem Frauengebetbuch entstanden. Es fasst in Gebeten, Anrufungen und Texten zusammen, was sich in langen Jahren der inneren Entwicklung geformt hat. In der »Kosmischen Messe« verdichte ich das noch einmal. Sie wird 2021 auf dem 3. Ökumenischen Kirchentag in Frankfurt uraufgeführt.

Auch nach meiner Pensionierung begleite ich Menschen bei ihren Fragen nach Sinn und Berufung, nach Lösung und Erlösung in den Verstrickungen des Lebens. Wer immer eine Auszeit braucht, ist deshalb herzlich willkommen in »Haus Herzblick« in Rimsting am Chiemsee! Nach dem Ende meiner ausgedehnten Seminar- und Vortragstätigkeit biete ich aktuell Seminarthemen an, die mir für die Zukunft wichtig erscheinen. In der Reihe »Reise zur Weisheit der Schöpfung« entdecken wir die verschütteten Wurzeln unserer europäischen Spiritualität. Das Seminar »Ahninnenarbeit. Meine deutsche Seele« stellt unser Leben in den Kontext der kollektiven Geschichte – ein kleiner Beitrag zu hoffentlich mehr Frieden in Europa!

Brigitte Enzner-Probst